OHSAMA BUNKO

時間を忘れるほど面白い
人間心理のふしぎがわかる本

清田予紀

三笠書房

はじめに……「心のしくみ」が見えてくると、毎日がもっと面白くなる！

こんな経験、ありませんか？

「なぜだかわからないけど、つい、そうしてしまう」

「うまく説明できないけど、気づいたらこうしてしまっていた」

たとえば、そばにいる人があくびをしたら、なんだかこちらまで、あくびが出そうになった。

ＣＭソングや流行歌が頭の中で鳴り始めると、ずっと同じメロディーが〝無限ループ〟することがある。

街中を歩いていて、行列があるのを見つけると「何に並んでいるんだろう？」と気になって、つい目がいく。

普段はとりたてて手を伸ばすこともないポップコーンなのに、映画館だとむしょうに食べたくなる。

あるいは、自分ではうまくホンネを隠しているつもりだったのに、恋人や友達、とくに女性たちにすっかり見抜かれてしまったことがある……。

これらは、**ぜんぶ……〝心のしくみ〟で、そうなっている**のです。

私たちが何を求め、どのように行動するかを決めているのは、心の奥の奥の奥にある、「深層心理」のなせるわざ。

「深層心理」は、私たちが意識していることも、意識していないことも、すべてを知っています。

その働きに気づくと、人間の心の奥深さとふしぎさに、きっと驚かされるはずです。

本書に取り上げるのは、まさにそこのところ。

知れば知るほど面白くて、おまけに役に立つ、身のまわりに表われる「深層心理の世界」にさっそくご案内しましょう。

清田予紀

もくじ

1章 ぜんぶ、「心理学」で説明できます！
――性格・クセ・体の「なぜ？」に答える

2章

街中の「気になるアレ」の謎をとく！

——あなたも気づかずに〝心理誘導〟されている!?

3章 これだけで「あの人の気持ち」を見透かせる
──しぐさ・表情・何気ないひと言……人は〝ホンネ〟を隠せない

4章

男と女の「言わない秘密」をあぶり出す！

――「好き」と「嫌い」の境界線

5章 「集中力」も、心理学でコントロールできる！
——この知恵があれば、大きな差がつく

6章 気持ちはどこで曇り、どこで晴れるのか？
──心理学が知っている「幸せへの近道」

本文イラスト◎山下以登

1章

ぜんぶ、「心理学」で説明できます！

――性格・クセ・体の「なぜ？」に答える

なぜ年々、時が経つのが早くなるのか

目を覚ましたあなたの目にカレンダーが飛び込んできたとする。あなたはきっと思うでしょう。

「1年が経つのってホントに早いな」

しかも歳をとればとるほど、1年はどんどん短くなっていくように思える。子どもの頃はあんなに1年が長かったのに……。

なぜそう思うのでしょうか。

その答えらしきものを世に発表した人がいます。それが**『ジャネの法則』**の発案者ポール・ジャネ。ジャネは19世紀のフランスの哲学者。甥《おい》にピエール・ジャネという心理学者がいて、その甥が著作で紹介したことでこの法則は世に知れ渡ることになりました。

その法則とは、**「生涯のある時期における時間の心理的長さは、年齢の逆数に比例する」**というもの。

たとえば、30歳の人間にとって1年の長さは人生の30分の1ほど。でも、3歳の子どもにとっては3分の1に相当する。つまり、30歳の大人にとっての10年間は、3歳の子どもにとっての1年間にしか感じられないということ。

10歳の頃と比べてみても、30歳の大人にとっては1年が3分の1に目減りしているわけだから、それは短く思えて当然だろうというわけです。

逆に言えば、10歳の子どもの1日は、30歳の大人の3日分もあるということになります。小学生の頃の夏休みは長かったと感じ、大人になってからの休暇があっという間に終わってしまうように感じるのも致し方のないことかもしれません。

心理学者の中には、こんな考え方をする人もいます。

子どもの頃は、見るもの聞くもの未経験のことばかり。それら一つひとつが、強烈な思い出や記憶となって心に刻まれるので、時間が長く感じられる。

けれど大人になると、未経験のものはどんどん減り、〝経験〟によって処理できることが多くなる。その分、新鮮さや強い印象が薄れる上に、無意識のうちにやってしまえることも多くなる。だから時間を短く感じてしまうというのです。

これに似たことは、初めての場所へ行ったときなどにも経験することがあります。ちょっと思い出してみてください。行きは目的地に着くまでの時間はとても長く感じられたのに、帰りはそれほどでもなかったという経験をしたことはないでしょうか。それは、行きは知らない道、知らない店、初めて見る景色など、新鮮な刺激をいっぱい受けるので時間が長く感じられるのに対し、帰りは一度見たものばかりで刺激が乏《とぼ》しい上に、無意識でも歩を進めることができるので時間を短く感じてしまうということ。

無意識のうちに行なうと、時間は相対的に短くなってしまうのです。

いつもの調子でボーッとスマホをいじっていて、「あっ、もうこんな時間だ」とあわてることになってしまうのも、同じ原理が働くから。

つまり、新鮮で刺激的なことを体験した時間は「長かった」ように感じられるけれど、すでに経験済みの判で押したようなことの繰り返しでは、無意識のうちに過ごしてしまう時間が増えるので、その結果、とても「短く」感じられてしまうということ。

歳をとればとるほど同じことの繰り返しが多くなり、新しい刺激を受けたり体験をすることは難しくなります。だから、一日、そして一年がどんどん短くなっていくように思えるのでしょう。

ということは、歳をとっても未知の分野に積極的に取り組めば、新たな刺激を受けるので、それだけ時間を長く感じることもできるということ。

もしあなたが、子どもの頃のような時間を取り戻したいと思うなら、ぜひ新鮮な体験、たとえば知らない土地を旅したり、新たな恋にトライしたりしてみてほしいもの。そのあいだはきっと、充実したひとときを過ごせるはずですから。

頭の中で〝同じメロディー〟が無限ループする謎

ある特定の曲やメロディーが、頭にこびりついて離れないという経験をしたことのある人は多いもの。サビの部分の歌詞やメロディーが頭の中を占拠してしまい、壊れたジュークボックスのようにいつまでも鳴り響いて……。

これは『**イヤーワーム（耳の虫）**』と呼ばれる現象です。

ある調査によれば、約9割の人が、週に一度は同じ旋律が強迫的に反復されるイヤーワーム現象を体験しているといいます。

また、そのうちの15％は「非常にわずらわしい」「生活に支障をきたす」と答えているそうです。

なぜイヤーワームがうごめき出すのか。そのメカニズムはまだよくわかっていません。

それでも、さまざまな研究から、**イヤーワームが騒ぎ出すのは「認知的負荷が少ないとき」に多い**ことがわかっています。これは、たとえばシャワーを浴びているとき、服を着替えているとき、歩いているとき、家事をしているときなどです。

心理学者のスチュワート博士はイヤーワームを、**他に何もないときに心を楽しませるもの**という意味で、「パソコンのスクリーンセーバーのようなもの」だと表現しています。

イヤーワームは、壊れたレコードのように曲の一部分だけが繰り返される場合があります。ある専門家によると、それは短期記憶が一度に限られた量の音声情報しか保持できないことが一因かもしれないとのこと。

別の研究者は、曲の思い出せない部分に記憶が到達すると、先に進めなくなるので前に戻ってループしてしまうのだと述べています。

イヤーワームを早く頭から追い出したい場合は、専門家によれば**「ガムを噛《か》む」**のが一番効果的だそうですから、わずらわしいときはおためしあれ。

「禁止されると余計にしたくなってしまう」のは、なぜ？

　サスペンスホラー映画の巨匠アルフレッド・ヒッチコック監督は、心理学に精通した人としても知られています。どうすれば人をもっと怖がらせることができるか、不安にさせることができるかを常に考えていた監督でした。

　その徹底ぶりは周囲も驚くほどで、自ら研究するだけではなく、心理学者をアドバイザーに起用したり、心理学を専攻した脚本家を雇《やと》ったりするほどでした。

　そんなヒッチコックが、彼の代表作のひとつである『サイコ』（１９６０年）で仕掛けたのが『**カリギュラ効果**』を使った心理トリックです。

　『カリギュラ効果』とは、禁止されるとついその行為をやってみたくなる心理のこと。

「芝生に入るべからず」の看板を見ると無性に入りたくなってしまったり、ダイエット中ほど甘いものが食べたくなるのは、この心理が働くからです。

この効果は強力なので、いろいろなところで使われています。

身近な例では雑誌の袋とじがそのひとつ。中身を見ることを禁止されることでどうしてもその中を見たくなり、その雑誌を購入してしまいます。

テレビ番組で、「ピー」などの効果音をつけて発言を聞こえなくしたり、モザイク処理をかけて映像の一部を見えなくすると、かえって視聴者の興味をそそるのもこの心理が働くため。

「一見《いちげん》さんお断り」の料亭や、会員制のクラブに入ってみたくなるのも、この効果の働きによるものです。


カリギュラとは、古代ローマ帝国の皇帝の中でも、冷酷無比《れいこくむひ》で残忍な暴君として知られる人物の名。

その皇帝の生涯を描いた映画『カリギュラ』（１９８０年）の内容があまりにも過激だったために、一部の地域では公開禁止になってしまいました。でも、それがかえって世間の話題を呼んだので、それにちなんで『カリギュラ効果』と名づけられたのです。

ヒッチコック監督がこの効果を仕掛けたのは、映画の中ではありません。入場券の裏にこっそり印刷したのです。

「この映画の結末は誰にも教えないでください」と。

効果は絶大。

「事情があって結末は言えないんだけどね。すごい映画なんだよ」

「ああ、教えたいんだけどなぁ、あの衝撃の結末！」

と、観た人が口々にふれ回ってくれたおかげで、映画は大ヒットを収めたのです。

今でこそ当たり前に使われている手法ですが、当時としては画期的な宣伝法でした。

ヒッチコック監督は、クチコミの威力を十分にご存じだったのですね。

ネット社会の今、クチコミならぬネットコミなどという言葉まであるそうですが、あなたがSNSで**わざと「絶対に人に教えないでね」と最後に念を押す**だけで、情報は勝手にすごい勢いで拡散していくということです。


日本人なら誰もが知っている昔話『鶴の恩返し』は、最後は悲しい幕切れが待っています。せっかく鶴が人間の姿になって恩返しをしようとしたのに、老夫婦が約束を破って、鶴の姿を見たばかりに別れなければならなくなってしまったのです。

でも、約束を破った老夫婦を責めることはできません。

なぜなら、鶴がもう少し人間の心理を理解していれば、「絶対に中を覗《のぞ》かないでください」などとは言わなかったでしょう。そんなことを言われれば、誰だって覗きたくなります。人は禁止されればされるほど、かえってやってみたくなる生き物なのですから。

突然、嫌な思い出がフラッシュバックしてくるわけ

突然、なんの脈絡もなく、思い出したくもない〝嫌な記憶〟が蘇《よみがえ》って落ち込んだことはないでしょうか。ないという人のほうが珍しい。いや、誰もが経験していることだと思います。

過去の恋愛の悲しい記憶が蘇ってきて泣きたくなることもあるでしょうし、子どもの頃や青春時代のほろ苦い思い出に身悶《みもだ》えすることだってあるでしょう。

一口に嫌な思い出といっても、その内容は人それぞれ。悩みや苦しみの重さも、人によってさまざまです。

嫌なことなど早く忘れたいし、思い出したくもないのに、予告もなしに蘇ってしまう。その原因は、何なのでしょう。

実は、心の中の無意識というもう一人のあなたが本当は忘れたくない、忘れてはい

けないと思っているからかもしれません。

心の葛藤《かっとう》が解決されていない状態を、心理学では**『未完了の想い』**といいます。過去の怒りや悲しみがちゃんと解決されていない場合、心にはモヤモヤしたものが残ります。そのモヤモヤをなんとかしたいからこそ、無意識では嫌な記憶を忘れてはならないと思うのでしょう。

悲しい記憶もほろ苦い思い出も、未完了のまま心の奥底にしまい込んでいるので、ちょっと戸締まりが悪いと、記憶の倉庫から漏れ出してしまうということ。

根本的に消去したいのであれば、未完了のものを完了させる必要があります。**第三者に話を聞いてもらう**のも、とても効果的な消去法です。誰かに共感してもらえると、人は心が癒されます。

それが恥ずかしくてできないのであれば、過去の嫌な思い出を言葉にして表現するという方法もあります。日記につけてみるのです。**つらい体験の言語化には、未完了の感情を解消する作用がある**からです。

保存したデータを、外づけのハードディスクにうつし替える要領と似ているかもしれません。ぜひおためしを。気持ちが楽になりますよ。

「のど元まで出かかっているのに出てこない」を解消する方法

『TOT現象』というのをご存じでしょうか。

TOTはTip of the tongue の略。「舌先」という意味です。英語の頭文字で横書きに書くとTOTとなって、まるで泣いていることを表わす顔文字のように見えますが、これが立派な心理学用語なのです。

あなたは、誰かとおしゃべりをしているとき、人の名前が出てこなくて困ったことはありませんか？

のど元まで出かかっているのに、あと一歩で思い出せない、あのもどかしい状態を表わす心理学用語が『TOT現象』なのです。

脳科学の専門家によると、記憶には**覚えやすい記憶（エピソード記憶）**と**覚えにくい記憶（意味記憶）**があり、名前は覚えにくい意味記憶に分類されるとのこと。それだけに『TOT現象』に悩む人は多いということなのでしょう。

では、人の名前やものの名前が思い出せないとき、どうすれば解消できるのか。

誰もが行なうのが、いわゆる「あいうえお検索」。「あ」から順に名前の頭文字がどの行にあるか当たりをつけ、脳内検索を行なうという方法です。

頭文字がわかれば約5割の人が思い出せるという、フロリダ大学の研究結果もあるそうです。でも、この方法は効率がかなり悪い。

記憶というのは、一つひとつ別々に覚えているのではなく、カタマリで覚えているもの。その中で記憶と記憶はつながっているので『**連想記憶**』とも呼ばれています。

ですから、いわゆる「イモづる式」に思い出すという方法が効果があるようです。

思い出したい名前と一緒に脳に記憶されている周辺情報を掘り起こすことで、それにつながっているお目当ての名前を引っ張り出すという方法。

ただし、それにも欠点が。周辺情報は思い出せるのに、肝心の名前が出てこない場合があるからです。それを『**ベイカーベイカーパラドクス**』といいます。

ああ悩ましい！

大泣きした後、気分がスッキリするのはなぜ？

誰だって、一度や二度は涙に暮れた経験があるはず。歌の文句ではありませんが、泣いて泣いて、泣きつかれて眠るまで泣いた経験だってあるかもしれません。

でも、大泣きした後は、ふしぎと気分がスッキリするものです。それはなぜ？

実は、私たちの体は、泣くことで涙と一緒にストレスまで排出するようにできているようなのです。

人は多大なストレスを受けると、**「ストレスホルモン」とも呼ばれる「コルチゾール」というホルモン**が過剰分泌し、脳の神経伝達機能を低下させて記憶力を鈍らせたり、脳細胞にまで悪影響を与えたりします。

ところが、**涙の中には副腎皮質《ふくじんひしつ》刺激ホルモンや、苦痛を軽減してくれるエンドルフィンが含まれており、涙を流すことによって、コルチゾールによる悪影響を緩和させせ**

てくれる働きがあるというのです。

つまり、ストレス反応によって分泌された物質が、涙に溶け出して体外に排出されることにより、気分がリフレッシュするというわけ。なんと合理的なメカニズムなのでしょう。

また、涙を流すという行為は、**自律神経を整える**働きもあります。

泣く前のストレスが溜まっている状態は、緊張や興奮状態をうながす「交感神経」の働きが活発になっている状態で、リラックス状態をうながす「副交感神経」よりも優位に立っている状態です。

この交感神経と副交感神経は、どちらもバランスがとれた状態が理想的で、一方が極端に優位になると、体調に異常をきたすことになります。

涙を流すことは、副交感神経の働きをうながし、それぞれのバランスを整える働きがあるのです。涙を流した後にスッキリするのは、そのような理由があるから。

つまり、生化学的な観点からも、うれしいとき、悲しいとき、つらいときは、我慢せずに、どんどん泣いたほうがよいということですね。

「食通」には、共通する過去がある？

世はグルメブーム。「一億総食通」といった感もありますが、本物の食通といわれる人たちは、料理を味わうことより料理写真を撮ることに夢中になっている、にわかグルメの人々を苦々しく思って眺めているかもしれません。

ただ、精神科医のフロイトから見ると、食通といわれる人たちはある意味かわいそうな人たちに映っている可能性があります。

というのも、フロイトによれば、料理の味にこだわりを持つ人は、この世に生を享《う》けてから18カ月ぐらいまでの間に、ある〝欲求不満〟を経験している可能性があるからです。

乳児期の第一段階をフロイトは『**口唇期**《こうしんき》』と名づけていますが、この時期、乳児は自分では何もできません。そのため、親に依存し信頼することを学びます。

乳児は母親のおっぱいを本能的に吸いますが、乳児にとってくちびる（口唇）は生存に必須の器官であるとともに、人生で最初の快楽をもたらす器官でもあることを学ぶのです。

ところが、その大事な口唇期に母親が外出がちで家にいなかったり、家にいても放っておかれたりしてその欲求が十分に満たされないと、心に葛藤が生じてしまいます。

そして、口唇期をうまく乗り越えられなくなります。

そんな乳児期を過ごした人は、大人になっても依存的になり、愛情を強く求めるようになるといいます。

また、**口からの満足を異常に求めるようになり、その結果、食べることへの強いこだわりを持つようになる**というのです。それを『口唇期固着《こちゃく》』といいます。

つまり、食通といわれる人は、大切な乳児期に満足に母乳をもらわなかった人かもしれないということ。

そう思うと、食通の人の見方がちょっと変わってくるかもしれませんね。

部屋を「片づけられない人」の心の秘密

あなたの部屋は、いつも整理整頓されていますか？　それとも、いつも散らかり放題でしょうか？

どちらのタイプになるかは、先にあげたフロイトによる『口唇期』に続く**『肛門期』**をどう乗り越えてきたかで決まるとしたら、あなたはどう思います？

生後18カ月～3歳頃までの期間は、性的発達段階の『肛門期』に相当します。

その時期の幼児の課題のひとつは、トイレの訓練。幼児はトイレに行くまで出すことを我慢するということを覚えなくてはなりません。

その時期、トイレの習慣を厳しくしつけられた人は、几帳面できれい好きな性格になり、大人になってからも部屋をいつもきちんと整理整頓する人になるというのです。

また、欲張りで倹約家、けちんぼう、収集癖などの傾向を持つこともあるといいます。

一方、その時期にあまりしつけられず、**排泄《はいせつ》欲求をそのまま発散していた人は、雑でいい加減な性格になり、大人になってからも部屋をいつも散らかり放題にしてしまうの**だとか。

何事も雑で、金銭感覚もよくいえばおおらかなので、あまり貯金はできないかもしれません。

また、親のしつけに反抗的だった場合は、がんこ、怒りっぽい、反抗的、無計画などの特徴が性格にプラスされることもあるのだとか。

肛門期をうまく乗り切れたかどうかは3歳頃までのことなので、ほとんどの人は覚えていないはず。

でも、今あなたがいる部屋を見回してみれば、その当時の自分がどんな子だったのかが垣間見えることでしょう。

「好きこそものの上手なれ」は本当か？

「好きこそものの上手なれ」とは、好きなことにはおのずと熱中できるから、上達するのも早いものだという意味のことわざです。

勉強でもスポーツでも音楽でも、「好きでやっているヤツにはかなわない」とよくいいます。それほど「好き」という気持ちにはパワーがあるということ。

人間の脳には**〝可塑性《かそせい》〟**という性質があります。これは、**「繰り返し刺激された脳の神経接続は強化される」**という性質のこと。

可塑性ってちょっと難しい言葉ですが、粘土を指で押すと押したところが凹《へこ》んで、それがそのまま残りますよね。それが可塑性。風船のように押しても戻ってくることは弾性といいます。

脳は可塑性があるから、記憶が残ってしまう。そのおかげで私たちはさまざまなことを学ぶことができるというわけです。

そして、同じ場所が繰り返し刺激されればされるほど、その活動に使われる〝脳の領域〟は発達します。

一度では覚えられない算数の九九も、繰り返すことで暗記できてしまう。それも脳の〝可塑性〟のなせるわざ。

嫌なことはおっくうなので、どうしても始動が遅くなります。繰り返すのも面倒です。いやいや行なうので押す力も弱いし、一回やって「もうや〜めた」となってしまうので、さすがの可塑性もあまり効きません。

けれど、好きなことをやる場合は別。おっくうがるどころか、進んで繰り返してしまいます。スマホのゲームなんかはまさにそれ。だから、上達もおのずと早くなるというわけです。

上達したいのなら、そして一生できる仕事を見つけたいのなら、まず好きになること。好きでいられる何かを見つけることです。

ダイエットを繰り返す人の特徴

テレビのワイドショーや女性雑誌で、手を替え品を替え、紹介されるのが、さまざまなダイエット法。それだけ人々の関心が高く、悩んでいる人も多いということです。

ダイエット法に共通しているのは、「今までの生活習慣や態度を改めること」を実践者に強《し》いる点です。

たとえば、今までの肉中心の食生活を野菜中心に変える。夕食重視を昼食重視に変える。熱いお風呂に短時間入っていたのを、ぬるめのお湯に長時間入るように変える……などなど、生活習慣や態度を改めましょう、という基本路線は共通しています。

そうした、**自分の一定の習慣や態度を改めること**を、心理学では『**態度変容**《へんよう》』と呼んでいます。

心理学者のジャニスによると、**態度変容を簡単にできる人ほど、ダイエットに励む**のだそうです。そして、そうした人たちには共通した特徴があるのだとか。

まず、自己愛の強い人が多いということ。必要以上に人の目を気にするので、誰かに「ちょっと太ったんじゃない？」なんて言われようものなら、ゾッと身震いして、すぐにダイエットにとりかかるというのです。

なのに、自我が弱く、意志も弱いので、他人の言葉に左右されやすいという共通点があります。そのため、「このダイエット法、効くらしいわよ」と聞いたり、雑誌で誰それのダイエット法が紹介されているのを読んだりすると、簡単に流されてしまいがち。

一方で、不信感も強いので、ちょっとやってみて効果が表われないと、自分の努力不足は棚に上げて、「何よ、全然効かないじゃない」と不平不満を並べます。

なので、そういうタイプの人は、ひとつのダイエット法に飽きたらず、手を替え品を替え、次々と新しいダイエット法にチャレンジすることになるのです。

もし、あなたがダイエットを繰り返しているとしたら、心当たりがあるのでは？

占いにハマる人がいる理由

朝の忙しい時間でも、テレビで流されているとつい手を止めて見てしまうのが占いのコーナー。女性に限らず、男性でもその日の運勢を気にする人は案外多いもの。

なぜ占いは、そんなに気になるのでしょう。

それは、**「人間だけが未来を考えられる生き物だから」**だと、ハーバード大学の社会心理学者、ダニエル・ギルバートはいいます。

考えられるだけに、未来が不安になる。だから何がしかの指針を示してくれそうな占いが気になってしまうのでしょうか。

また、別の心理学者は、人が常に自分のアイデンティティを探し求めている生き物だからだともいいます。

「私って何?」

「なんのために生きてるの？」

いつもそう自問自答しているのに、その答えはなかなか見つかるものではない。

そして、その答えらしきものをいとも簡単に出してくれるのが占い。

だから、つい気になって見てしまうのだというのです。


でも、なぜ占いは当たっているように思えるのでしょう。

それは『**バーナム効果**』が働いているからだといわれています。

たとえば、占いの本のあなたの誕生星座のページに、次のような文章があったらどう思うでしょうか？


「あなたは負けず嫌いですが、その反面、些細なことで弱気になって思い悩んでしまう人でもあります。

また、自分を不器用な人間だと思っていて、人から好かれたい気持ちがあっても、それをうまく表現できないことがあります。

それだけに、人間関係が原因で、恋愛にしても仕事にしても、トラブルを抱えてしまうことになりがちです」

いかがでしょう。どの指摘も思い当たる節があるのではないでしょうか。中には「全部当たってる。これは私そのものだ！」と思った人もいるかもしれません。

でも実はこれ、『バーナム効果』が働くように作られた文章なのです。つまり、**誰にでも当てはまるように書かれた文章**であるということ。

もう一度先ほどの文章を読んでみると、それがよくわかります。

誰にでも負けず嫌いな部分があるし、一方で弱気になってクヨクヨしてしまうものでもある。不器用な部分だって誰にでもあるし、また、人間関係で悩まない人がいるとしたら、相当おめでたい人に違いありません。

しかもこの文章には、『**二面性提示**』という心理テクニックも使われています。

これは相手の相反する二つの面を同時に指摘するという方法。先ほどの文章でも、「負けず嫌い」と「弱気」の二つの面を指摘しています。人は**一面だけを指摘されるより、二面的に言われたほうが当たっていると思ってしまいがち**なのです。

恋人から「キミってさみしがり屋なんだね」と言われるより、「キミって我が道を行くタイプに見えて、本当はさみしがり屋なんだね」と言われたほうが、自分のことをわかってくれているんだと、胸にキュンときてしまうのではないでしょうか。

この『二面性提示』のテクニックは、たとえば接客の場でも、お客のハートをつかむのにも大いに役立つことがあります。

「お客さまって、こだわり派のようで、意外と冒険心もおありなんですね」

「ここは慎重にならなきゃと思いつつ、今買っておかないと後悔しそうって思ってらっしゃるでしょう」

「適当にご覧になっているようで、掘り出し物を見つける目もお持ちみたい」

こんなふうに『二面性提示』のテクニックをうまく活用すれば、相手のハートをガッチリつかむことができ、売上アップにもつながるはず。おためしあれ。

「金縛り」になるのは、こんな心理状態の表われ

寝入りばなに体験することがある摩訶《まか》不思議な現象、『金縛り』のことを、中国では『鬼圧床《グィヤーチュアン》』というのだそうです。**「床（ベッド）に寝ていると鬼が上から覆いかぶさって（圧）きて苦しい思いをする」**。まさに金縛りですね。

この金縛りは、夜ふかしをする若者ほどよく体験するといいます。というのも、彼らは眠りのリズムが乱れているからです。

では、眠りのリズムが乱れていると、なぜ金縛りにあいやすいのか。

人は眠りにつくと、意識のレベルが低下します。それと同時に筋肉も弛緩《しかん》してしまいます。筋肉も眠った状態になるのです。

そのまま意識のレベルが下がってしまえば完全な眠りの状態になるのですが、眠り

のリズムが乱れていると、意識のレベルが上がって目を覚まそうとすることがあります。目が半分覚めてしまうのです。

ところが、筋肉のほうは眠ったまま。ですから、脳から動けと指令を出しても動いてくれません。その状態がいわゆる金縛り。

ビクとも動かない体に、人は恐怖を覚えます。**恐怖を覚えると、人は幻覚を見やすくなる**のです。鬼のような怪物が体によじ登ってくるように思えるのもそのせいです。

ですから、金縛りのことを専門用語では『**入眠時幻覚**』と呼んでいます。

芸能人にはよく心霊体験をしたという人がいますが、彼らが摩訶不思議な体験をするのもこの『入眠時幻覚』のなせるわざではないかと思われます。

忙しい芸能人は仕事がハードです。仕事の合間に時間を見つけてやっと睡眠をとることも多く、眠りのリズムも乱れきっています。寝入りばなに幻覚を見る条件がバッチリそろっているというわけです。

それで体験したエピソードを話してお金をもらっているのですから、彼らはある意味『入眠時幻覚』のプロともいえるかもしれませんね。

「あくび」がもたらしてくれる効用

質問。誰かがあくびをしたとき、あなたは？

A　あくびがうつったり、うつりそうになる

B　あくびがうつることは滅多にない

実はこれ、あなたの「共感力」をチェックする簡単なテスト。

共感力とは、相手の立場や視点に立って物事を判断する力。良好な人間関係を築くには欠かせない能力のことです。

心理学の実験で、**「共感力が高い人ほど他の人からあくびをうつされやすい」**ことがわかっています。つまり、Aを選んだ人のほうが共感力は高いということ。

また、そんな現象が起きることを、心理学では**『シンクロニー（同調行為）』**と呼んでいます。

あくびがうつるためには、なぜ共感力が必要なのでしょう。それを実験で証明した心理学者がいます。スコットランドのアンダーソン博士がその人。

博士の研究によると、**人間であくびがうつり始めるのは5歳くらいからで、それより幼い乳幼児ではあくびはうつらない**ことがわかったといいます。

なぜ赤ん坊はあくびがうつらないかといえば、自分中心に生きているから。すべてまわりが世話を焼いてくれるので、別に共感する必要がないのでしょう。

それが5歳くらいになると、世界は自分中心に回っているわけではないと、だんだん思い知るようになります。幼稚園にでも入れば新たな人間関係が生まれるからなおさらです。

そうやって共感力が培《つちか》われ、あくびもうつるようになるというわけ。

以前と比べると、人があくびをしているのを見ても別にうつらなくなったという人は、考えが自己中心的になっていないか、ちょっと自己を省《かえり》みる必要があるのかもしれませんね。

あくびは、誰もが経験する身近な生理現象のひとつ。

でも、人間や動物があくびをする理由は、実はいまだ正確には解明されていません。

一般的には、「血液中の酸素濃度が下がると、肺いっぱいに空気を吸い込むため反射的にあくびが起きる」と考えられていますが、それは別にあくびをしなくても深く息を吸い込めば済む話なので、このことだけであくびをする理由と考えるのは早計のようなのです。

ちなみに、あくびをしたときに脳波を測定してみると、β波に代表される覚醒時の脳波が測定されます。つまりあくびをすることで、一時的にせよ眠気が消えるということ。退屈な授業や打ち合わせで思わずあくびが出るのは、**眠気を覚まそう、起きようとする心理の表われ**でもあるのです。

ということは、上司は部下のあくびをとがめるより、「遠慮せずどんどんあくびをしなさい」と奨励するべきなのかもしれません。

また、**ストレスなどで過度に緊張したときにも、あくびは出やすい**もの。こちらは、緊張をゆるめることで覚醒をうながす行動と考えられています。

別の研究では、あくびには注意力を上げたり、脳を冷ます効果もあることが判明しています。いいことずくめというわけです。

つまり、あくびは嚙み殺すものではなく、大いに奨励すべきものであるということ。換気が悪いせいで眠気がとれなかったり、仕事のトラブルでカーッと頭に血が上ったりしたら、昼食タイムにでも外に出て、大きなあくびをして冷たい外気を体に取り込んでみましょう。きっと身も心もリフレッシュして、またやる気がわいてくるはずです。

なぜ「3歳より前の記憶」は思い出せないのか

がんばって思い出せる記憶は3歳ぐらいまでで、それ以前の記憶となるとどんなに頭をひねくり回しても出てこないものです。

なぜ、乳幼児期の記憶は思い出せないのでしょう。

一般的には、それは『**幼児期健忘**《けんぼう》』のせいだと考えられています。

日本心理学会が発行している『心理学ワールド』によると、それ以前の乳児期でもまったく記憶できないわけではないようです。

研究では、**生後3カ月で1週間、４カ月で2週間ほど記憶が保持される**ことがわかっているのだとか。

にもかかわらず、記憶がない理由については以下の二つが考えられています。

①　乳幼児期の学習は未熟で、記憶をうまく固着できない（**記銘《きめい》の失敗**）。
②　記憶の貯蔵に必要とされる神経ネットワークが、後に発達した神経ネットワークに飲み込まれるために、当時の記憶を思い出せない（**検索の失敗**）。

どちらの説も説得力がありますが、これまでのところは②の「検索の失敗」説のほうが支持されているようです。

つまり、成長するたびに古い記憶が奥底に追いやられてしまうため、そこまで思い出すことが困難になってしまうということ。

そもそも、**脳の記憶や空間学習能力に関わる器官である海馬が、ほぼ完全な形になるのは、だいたい2歳から3歳頃**だと考えられています。ですから、その頃まではまだ出来事を適切に記憶するのは、脳の機能的にも難しいことなのです。

たまに乳幼児期の記憶を鮮明に覚えているという人がいますが、そのほとんどは後に自分の乳幼児期の写真やビデオを見せられたり、あるいは「あのときはこうだったのよ」などと教えられたりして、あたかも自分自身の記憶のように錯覚してしまった〝偽りの記憶〟である場合が多いようです。

おまじないや縁起かつぎは、どこまで効く？

面接など人前に立つ直前に「人」という字を手に書いて飲み込んだり、試験の前に「必ず勝つ」という言葉をもじったお菓子を食べてみたり……。人は人生の中で大切な出来事を成功させたいとき、迷信や縁起ものに運命をゆだねることがあります。

人によっては幸運のお守りを身に着けて、運気をアップさせようとする人もいることでしょう。

こうしたラッキーアイテムや縁起ものの力は、実は迷信ではなく本当に人を幸運にさせたり、成功に導いたりする効果があることが、心理実験で確かめられています。

実験を行なったのは、ドイツのケルン大学研究チーム。

まず、実験の参加者全員にやってもらったのはパターゴルフ。

その際、半数の人には「あなたの打つボールはラッキーボールです」と知らせました。すると、参加者は10球のうち平均6・75回をカップインさせました。

残り半数の人たちは何も告げられずにプレーしましたが、カップインしたのは10球中4・75回でした。

つまり、**ラッキーボールだと知らされただけで、20％もカップインの成功率が上がった**のです。

また、「神経衰弱」と似た記憶力をためすトランプの実験では、ラッキーアイテムを持っている人のほうが、持っていない人より30％も記憶力がよかったという結果が出たといいます。

他にも、特定の実験者たちに**「あなたのために幸運を祈ります」と指をクロスするマークを見せたところ、それだけでそのグループの仕事の効率が上がった**のだとか。

研究チームは、ラッキーアイテムは身につける人の緊張感をやわらげる効果があり、そのため平常心でことに当たれることが成功率アップにつながったと結論づけました。

信じることがよい結果をもたらすのは、確かなようです。

2章

街中の「気になるアレ」の謎をとく！

――あなたも気づかずに〝心理誘導〟されている!?

よく人に道を尋ねられる人の特徴

知らない土地を訪れたとき、あなたはどんな人に道を尋ねるでしょうか。また逆に、道を尋ねられる立場になったことはあるでしょうか。

実は筆者自身、よく道を聞かれることがあるので、周囲の人に経験のあるなしを聞いてみたところ、面白いことに〝ある派〟と〝ない派〟にくっきり分かれました。

さてさて、道を聞かれた経験のある人って何か「話しかけやすいオーラ」が出ているのでしょうか。経験のない人は「近寄るなオーラ」みたいなものが出ているのでしょうか。

この疑問、道を尋ねる立場になってみれば、なんとなくわかってきます。

道行く人の誰に声をかけるかは、やはり第一印象が決め手。心理学的に見ると、声をかけやすい人には次のような共通した特徴があるようなのです。

①見た目に威圧感がない

人は無意識のうちに、万一トラブルが生じても危害を加えてこないような人、安全そうな人に話しかけるという傾向があります。

人は相手の印象の6割を、見た目（表情）で判断してしまうのです。それを**『メラビアンの法則』**といいます。

②身なりに清潔感はあるけれど、流行にはやや鈍感

清潔感のある身なりをしている人は、精神的に安定していて、気分にムラがなく、対応も丁寧で、自らトラブルを引き起こすようには見えないというイメージがあります。

流行に敏感な人は、神経質そうで隙《すき》のないイメージがあるので話しかけづらいのでしょう。その点、流行をあまり気にしていない人は、おおらかそうで話しかけやすい雰囲気があります。

③社会的地位はあまり高くなさそうに見える

社会的地位は高ければ高いほど威圧感を増します。偉そうに見える人は、まさに近寄りがたい人なのです。

信号が青になっても発進しない車に対して、後続車がクラクションを鳴らすまでの時間をはかってみたところ、**前の車が高級車であればあるほどクラクションを鳴らすタイミングが遅くなる**ことがアメリカの社会心理学者ターナーの実験でわかりました。社会的地位が高そうだと、人はどうしても遠慮してしまうということですね。

その点、庶民的で自分と似たような生活レベルの人だと、話しかけやすいのは確かです。

ある調査によると、道を聞かれやすいのは、性別では圧倒的に女性が多いそうです。また、年齢は**40代の女性が一番多い**とのこと。

この結果は、確かに声をかけられやすい人の三つの特徴とも合致しているように思えます。

逆に、最も声をかけられにくい相手は、40代の男性。その年頃の男性は、働きざかりで歩くテンポも速く、しかも威圧的で声をかけづらいのかも。

以上のことから、道で声をかけられやすい人は、おおらかで、いい意味で心に隙があってフレンドリーな雰囲気があり、道を聞いても断られなさそうなオーラをまとった人といえそうです。

そうしたオーラは無意識のうちに出ているもの。意識的に出そうと思っても出せるものではありません。

またそういう人は、実際に聞かれたら相手の期待に応《こた》えようと努力します。そんな自分に愛着も持っているはずです。自信を持って道を教えてあげましょう。

ただし、外国人観光客が年々増加していることを考えると、道を聞かれやすい人は簡単な英会話ぐらいは習得しておく必要があるかもしれませんね。

なぜ、行列が気になるのか？

人気のスマホの新機種発売日や、日本初上陸のスイーツ店、話題の絵画展などには長蛇の列ができます。

それがニュースになると、出かけるのを控える人が出てくるかと思いきや、余計に行列に並ぶ人が増えてしまったりすることも。

なぜ人は、待たされることを知りながら行列に並ぶのでしょう。

あるマーケティング会社の調査によると、

「行列に並ぶのは好きですか？」

という問いに対して、「好き」と答えたのはわずかに16％。

つまり、「行列に並ぶのは嫌い、避けたい」という人が84％を占めているというのです。

心理学では、人が行列に並ぶのは**『同調行動』**の表われであるといわれています。人には**「他の人がやっていることと同じことをしたい」という欲求**があるようなのです。それが端的に表われるのが、行列だということ。

「なんの行列なんだろう？」

「何かいいことがあるのかな」

と、ふと足を止めてしまうのは、すでにその同調行動の心理が働いている証といえます。

この同調行動を利用するのが、「行列マーケティング」。

新規開店のショップや飲食店などでアルバイトの〝サクラ〟を雇って、〝意図的な行列〟を作り出し、人を呼び込もうとするものです。

行列を演出することで、街ゆく人の関心を集めようというわけです。

心理学者のソロモン・アッシュ博士は、同調行動に関して、こんな面白い実験結果を導き出しています。

それは、こんな視覚テストです。

カードに描かれた直線と同じ長さを持つ線を別の3本の直線から探し出すというもの。

こんなごくごく簡単かつシンプルなテストですが、被実験者の中にあらかじめ「誤答」をする〝サクラ〟を数人仕込んでおくと、全体の誤答率が37％になってしまったというのです。

ちなみに、サクラがいないときの誤答率はたったの0・7％でした。それはそうでしょう。普通なら間違うはずがないのですから。

人はそれだけ同調行動を起こしやすいということです。

しかも、人は自分の行動を正当化したがる生き物です。

こんなに時間をかけて並んだのは、それだけの価値があったからだと思いたがるのです。

ネットでのグルメランキング上位のラーメン店にせっかく並んだのに、食べた一杯が平凡な味だったのでは非常に都合が悪い。

そこで、『**合理化**』の心理が働いて、こう言うことになるのです。

「いやぁ、やっぱり並んだだけあって、おいしかったよ。やっぱり行列店はひと味違うねぇ」

待たされてもイライラしない秘密

スーパーのレジにしろ、病院の受付にしろ、また遊園地にしても、はたまた人気のラーメン店にしても、私たちはさまざまな場所で〝待つ〟ことを強いられます。それらの待ち時間は、長い人生の中から見ればほんのちょっとの時間かもしれません。でも、世の中すべてがスピードアップの時代。もし、待つ時間を時給に換算したら、誰もがゾッとするのではないでしょうか。

待たせるほうも客商売なので、待合室にテレビを置いたり、雑誌や本を常備することで、お客のイライラを緩和しようという配慮をしているところもあることはあります。実際、病院や銀行などでは、そうした配慮がなされています。

でも、場所によっては、そうした配慮が難しいケースもあります。

他に、イライラを鎮《しず》める何か効果的な方法はないものでしょうか。

実は、なくもないのです。しかも、比較的簡単で、コストもそれほどかからない方法が。

それは、**「鏡を設置する」**という方法。

鏡を設置さえしておけば、お客はそれほどイライラすることがないというのです。

たとえば、**デパートのエレベーターの外や中には鏡が使われている**ことが多いと思いませんか。あれはまさに、お客が待ち時間でイライラしないようにとの目的で設置されているものなのです。

自分の姿が人の目にどう映っているかが気になる心理を『**公的自己意識**』といいますが、ナルシストに限らずそれは気になること。ですから、私たちは鏡を見ると、つい髪型や服装の乱れをチェックしたり、女性ならお化粧の具合を確かめたりしてしまいます。その結果、鏡があるだけで、それほど退屈することなく待ち時間を過ごせてしまうのです。

だとすると、行列のできる人気ラーメン店の外壁にもぜひ、鏡を設置してもらいたいものですね。

電車で端っこの席に座りたがる人が多いのは？

電車の席がガラガラに空いているとしたら、あなたはどこに座りますか？

大半の人は、一番端の席に座ると答えるのではないでしょうか。

その理由は、まず利便性。片側に堂々と体を預けることができますし、開閉扉に近いので、降りる駅に着いたらすぐ出られます。

心理面では、端っこのほうが落ち着けるというのは確か。他の場所では、混んでくると隣り合う2人にはさまれてしまう格好になります。

でも、端ならば隣り合う人は1人。精神的にもあまり窮屈さを感じません。つまり端っこはホッと落ち着ける場所なのです。

それにしても、座る場所のちょっとした違いで、なぜ落ち着けたり落ち着けなかったりするのでしょう。

それは、私たちが**『パーソナルスペース』**を持っているから。

人は誰しも自分の周囲に自分だけのスペース、個人空間を持っています。見えないバリアのようなものを張っているのです。

そのパーソナルスペースに他人が入ってくると、縄張りを荒らされたような気分になって緊張し、時には不快感まで覚えてしまいます。

男性ならおわかりでしょうが、男子トイレで誰かが隣の小便器に立ったときのあの緊張感や不安感。あんな気持ちになるのも、パーソナルスペースを侵害されたせいなのです。

端っこの席は、少なくとも片側は守られています。ですから人は、なるべくパーソナルスペースを守るために、電車の席は端っこに座りたがるというわけです。

選挙ポスターの立候補者名にひらがなが使われるわけ

選挙の時期になると、街角に選挙ポスター用の掲示板が設置されます。

そこに貼られたポスターを見て驚くのは、ひらがな表記の立候補者名がやたらに多いこと。

立候補者の名前をなぜ、ひらがな表記にするのでしょう。
○目立つから
○読み方が難しいから
○投票用紙に名前を記入するのが楽で無効票にもなりにくい
そういった理由が考えられますが、その他に心理的な理由もあります。

漢字は角ばっているので、どうしても見る人に固いイメージを与えます。その点、ひらがなはとても印象がやわらかいのです。

もともと、ひらがなは女性文字として生まれたという経緯があります。角ばったところが少なく、ほとんどが曲線でできています。

それだけに、ひらがなには漢字にはない見た目のやわらかさがあるのです。親近感もわくし、覚えやすい。そうしたひらがなの持つよいイメージを立候補者と重ね合わせ、結びつけて、その人のイメージまでアップさせようというのが、ひらがな表記の真の狙い。

ひらがなの名前の横でほほえむ立候補者に、人は「物腰がやわらかそう」「きっと頭も柔軟な人なんだろうな」「優しそうだから福祉の仕事も熱心にやってくれそうだ」といったイメージを勝手に抱いてくれるというわけです。

見る人にそうした心理が働くことを、心理学では『**連合の原理**』と呼んでいます。

ＣＭに好感度の高いタレントが起用されるのも、その好感度と自社の製品を結びつけさせて、製品の好感度まで上げようという戦略なのです。

ただし、掲示板がひらがな表記だらけだと、逆効果になってしまう場合もあります。「なんか軟弱そう」「頼りなさそう」といったよくないイメージに受け取られかねないからです。

〝サビ〟が繰り返される曲はヒットしやすい

テレビCMは、これでもかというほどしつこく繰り返し流されます。

それは、**繰り返せば繰り返すほど、視聴者がそのCMに出てくるキャラクターや、キャッチコピーに対して好意を持つようになる**からです。

そうなればしめたもの。その商品の好感度も上がり、視聴者の購入意欲もどんどん高まっていくというわけです。

そうした心理を『**単純接触効果**』と呼びます。アメリカの心理学者ロバート・ザイアンスによって知られるようになったので『ザイアンス効果』とも呼ばれています。

テレビCMに使われる曲がヒットしやすいのも、同じ効果が働くからです。繰り返し流れてくるので、耳に残ってついつい口ずさんでしまうこともありますものね。

同じ理由で、サビの部分が何度も繰り返される曲はヒットしやすいといわれています。

曲は大きく「メロ」と「サビ」に分けられます。「サビ」は曲の中で最も盛り上がる部分で、「メロ」はそこに至るまでの部分です。その最も盛り上がるサビが繰り返されるのですから、それだけ強い印象を聴く人に与えるのです。

実際、過去50年間にヒットした２４００曲について調査したところ、**サビの繰り返しが1回増えるたびにビルボードチャートで1位を獲得する可能性が１４・５％増加する**という研究結果が出ています。

大好きな曲、歌うと盛り上がる曲を思い出してみてください。その曲はサビが何度繰り返されるでしょう。実際に歌ってみると、「サビが繰り返される曲はヒットしやすい」ということがきっと実感できますよ。

映画館でポップコーンが食べたくなるのはなぜ？

「男やもめにウジがわく」ということわざがあります。

妻を亡くした男性の、不慣れと手抜きのために家の中がどんどん侘《わび》しくなっていくことをいう言葉です。男所帯の夕食が侘しく思えるのは、コンビニやスーパーで買ってきた総菜などを、お皿にうつし替えもせずに食べるせいかもしれません。

同じ総菜でも、パックのまま食べるのと、ちゃんとしたお皿に盛って食べるのとでは、ムードが全然違いますし、味にも違いがあるように感じてしまいます。

このように、**商品自体は変わらないのに、まわりの状況やものによって、価値が変化する現象**を心理学では**『文脈効果』**と呼びます。

見せ方、ディスプレイの仕方で、まるで違ったものに感じられるということです。

たとえば、おなじみのスナック菓子にポップコーンがありますが、ふだんはそれほど食指《しょくし》が動くものではありません。なのに、周囲の状況が変わって、映画館の中だとむしょうに食べたくなりませんか？

しかも、なんだかおいしく感じてしまう。それはまさに『文脈効果』が働くから。

そもそも、この心理になぜ〝文脈〟という、ちょっとお堅い感じのする言葉が使われているのかというと、もともとが、言語や記号や文の理解を深めるためにできた用語だからです。

「のりをとって」と言われたとき、それが食卓であれば食べ物の「海苔《のり》」のことを指していると誰もが思います。一方、相手が何かを貼ろうとしている状況であれば文房具の「糊《のり》」のことだとわかります。

このように**文脈、状況によって言語の意味が変わる**ので、『文脈効果』と名づけられたのです。

そうそう、メタボが気になるサラリーマンのお父さんたちがハシゴ酒をした後、つい〝シメのラーメン〟を食べてしまうのも、この心理が働いて妙においしく感じてしまうからなのでしょうね。

デパ地下やスーパーに試食コーナーがあるわけ

心理学者のデニス・リーガン博士がこんな実験をしました。
2人1組の実験で、1人が飲み物を買いに行った際に、
（Aのケース）自分の飲み物だけ買ってくる
（Bのケース）相手の分の飲み物も買ってくる
その後、買ってきた人が相手に「福引のチケットを買ってもらえないか？」とお願いをするという実験です。

結果は、Bの「飲み物を買ってもらった人」のほうが、Aに比べてチケットの購入率は2倍も高かったのだそうです。

このように、**何かを与えられると「返さないといけない」という心理効果が働くこ**

とを**『返報性の原理』**といいます。

こうした効果を利用したのが、デパ地下やスーパーで盛んに行なわれている試食。興味をひかれてつい試食をしたお客は、何か好意を返さないと立ち去りにくくなってしまうのです。なので、つい買ってしまうというわけ。

この試食は**〝販売員がいるかいないか〟でも購入率が変わる**ことが実験でわかっています。販売員がいない試食コーナーだと、実はそれほど購入率は変わらないのです。販売員がいるときに試食をさせると、購入率は確実に上がります。

つまり、人から直接提供されるかどうかが、重要だということ。試食品を置いておくだけでは、タダ食いを奨励するだけになってしまいかねないということです。そういうところが、人間心理の面白いところかもしれませんね。

このことから言えるのは、愛する人やお世話になった人へのプレゼントを郵送するのは一考の余地ありということ。やはり手間はかかっても、相手に直接手渡すのが、一番効果があるということです。

渋滞と心理のワナ

行楽の季節は、渋滞の季節でもあります。どこの高速道路も、行楽地へ向かう車でびっしり。車内のうんざり顔が目に見えるようです。

そんな**車の渋滞が始まるのは、だいたい右側の追越車線から**だということをご存じでしょうか。

競争心が強くてせっかちな人のことを、心理学では『**タイプA**』と呼んで分類していますが、渋滞となると話は別。普段はマイペースな『**タイプB**』の人でさえ、少しでも速く車を前へ進ませようと焦り始めます。なので、こぞって右側の追越車線を走りたがるようになります。

そのため、右側の追越車線をより多くの車が走ることになり、結果として渋滞はまず追越車線から始まることになるのです。

ということは、**渋滞発生時は左車線のほうがかえって速く進む確率が高い**ということでもあります。

それを頭に入れておけば、「この先渋滞」という表示が出たら、あらかじめ左車線を走っておくのが良策といえます。

日本の高速道路は、「渋滞ここから○○km ○○分」といった渋滞表示が非常に充実しているし、今は渋滞情報を知らせてくれるカーナビもあるので、心理的には大いに助かります。人間、先の見えない苦難ほどつらいものはありませんからね。

渋滞時に左車線にいると、サービスエリアやパーキングエリアに入りやすいというメリットもあります。休憩は、ドライバーや同乗者の肉体的負担だけでなく、心理的負担も大いに軽減してくれます。

現代では、渋滞はほぼ90%は出発前から予測できます。それでも、旅の予定が決まっていれば出かけないわけにはいきません。

その場合は最低限、渋滞のピークを外すようにするだけで、ずいぶんと負担は違ってきますよ。

赤信号もみんなで渡れば怖くない？

日本人の国民性をうまく表現したこんなジョークがあります。

客船タイタニック号の沈没時、女性と子どもは優先的に救命ボートに乗れましたが、男たちには冷たい海に飛び込んでもらわなければなりませんでした。

その際、船長はいろいろな国の男性客にこう言って飛び込ませたといいます。

イギリス人には「あなたが紳士なら、ひるまずに飛び込みますよね」

ドイツ人には「これは命令です」

アメリカ人には「飛び込めばヒーローになれますよ」

イタリア人には「あっ、美人がおぼれている」

そして日本人には耳元でこっそりと「みなさん飛び込んでいらっしゃいますよ」

日本人の持つ協調性、右へならえ精神をうまく取り込んだジョークで、思わず苦笑いしてしまいそうです。

このような、みんなが飛び込んでいるから、みんなが買っているからと、**自分も安心して周囲と同じ行動をとってしまうこと**を、心理学では『**バンドワゴン効果**』と呼んでいます。

この効果は絶大なので、ビジネスの世界でも大いに活用されているのをご存じでしょうか。

「世界中が泣いた感動作！」
「○○部門第1位！」
「売り切れ店続出！」

こうした宣伝文句はどれも『バンドワゴン効果』を期待したものです。早く行動を起こさないと乗り遅れる！　そう消費者に思わせることができれば、それが売り上げ倍増に直結するというわけです。

あなたも、通信販売の番組の「ただいま申し込みが殺到しています！　ご注文はお早めに！」のアナウンスに、電話に手が伸びそうになった経験があるのでは？

「限定品」に弱い心理

なぜ、金《きん》やプラチナは高値がつくのでしょうか。

理由は簡単。それらの産出量が少ないためです。鉄や銅は産出量が断然多いので、金やプラチナに比べると格段に値段は落ちます。

トリュフ、キャビア、フォアグラといった食材が高いのも理由は同じ。必ずしも、その食材自体が誰にとってもおいしいからではありません。

数が限定されているものは、貴重で手に入りにくい。それだけの理由で、人はそれに過剰に価値を見出し、魅力を感じてしまう生き物なのですね。それを『**スノッブ効果**』といいます。

テレビショッピングなどで、**「限定１０００個です」「数に限りがありますのでお早めに」**といったアナウンスがあると、思わず目で追ってしまうのはそのせいです。

販売期間を限定されても、人は簡単に心を動かされます。「3日間限定の大セール」「受けつけは午後6時まで」といった言葉にも人は敏感に反応してしまいます。

また、特典をつけて限定性をより高めるという手法で、消費者の心理に揺さぶりをかけてくる場合もあります。「2セット購入で送料無料」「今ならコレがついてきます」といった呼びかけ、よく耳にしますよね。それらは特典をつけ加えることで、限定性をより極めて購買意欲を高めようという戦略です。

でも、消費者だってそう簡単に財布のヒモはゆるめません。買いたい衝動を我慢する人もいます。

そういう人に有効なのが、限定の理由づけ。

「○○産の貴重な原料を使って、丹念に手作りしておりますので、今回お届けできるのは90セットのみとなります」

などと理由をつけ加えると、消費者に納得感が生まれ、買いたい衝動に火をつけることができるのです。

さて、あなたは〝限定〟という甘い誘惑に抗《あらが》える自信はおありでしょうか。

うな重が松・竹・梅とランクづけされているのはなぜ？

うなぎ屋さんでよく見かけるのが、松・竹・梅とランクづけされた値段表。

あのランクづけには、ある目的が隠されていることをご存じでしょうか。

実は、松・竹・梅と3段階の値段のついた商品がある場合、どの商品が一番よく売れるかは予測ができるのです。

それは、真ん中の価格の商品。うな重に「松（3500円）」「竹（2500円）」「梅（1500円）」の三つのランクがあると、人は「竹」を選んでしまいやすいのです。

3500円は高いし、ぜいたくだ。1500円は安いけれど、せっかくうな重を食べに来たのだから……などと頭を巡らせて、結局無難な値段の「竹」を選んでしまう。

そんな消費者心理を、**『極端性回避の心理』**と呼んでいます。

竹の注文が一番多いということは、店側も重々承知です。ですから、「竹」用のうなぎを他のランクのうなぎより多めに仕入れるし、そのうな重の利益率が一番高くなるように工夫もできます。

つまり、松・竹・梅と値段のランクづけをすることは、店側に大きなメリットをもたらすというわけです。

しかも、強制は一切していません。お客が〝勝手に選んでくれる〟のです。

そのような、**「お客に自由に選ばせているようで、実は店側が誘導してしまう」**テクニックは他にもあります。

たとえば、壁中に無数の料理メニューが貼ってある食堂や居酒屋をよく見かけます。あんなにたくさんの料理の注文をさばけるのだろうかと思うかもしれませんが、心配はご無用。注文されるのは「今日のランチ」や「今日のおすすめ」、「盛り合わせ」といったメニューがかなりのパーセンテージを占めることがわかっているからです。

メニューが多いと、人は面倒になってつい定番料理を頼んでしまいがちなのです。

そうした心理を**『決定回避の法則』**といいます。

私たちは、自分で選んでいるようで、実は選ばされているのです。

ペットに触るだけで“幸せホルモン”が出る？

イライラがつのる現代社会だからこそ「癒し」は大きなファクターになっています。最近の研究によると、人間が癒しを感じるには**「オキシトシン」**というホルモンが大きく関わっていることがわかっています。

オキシトシンとは、ギリシャ語で「早く生まれる」という意味の言葉が語源。その言葉が示すように、古くから、女性の出産や子育てに関連するホルモンとして広く知られていました。

しかし近年、オキシトシンの研究が急ピッチで進み、その驚くべき“神秘の力”が注目されるようになったのです。

オキシトシンは脳の下《か》垂体《すいたい》後葉《こうよう》から分泌されるホルモンで、**「幸せホルモン」**とも呼ばれています。

つまり、癒されたいならオキシトシンの分泌を増やせばよいということ。

では、その分泌をうながす簡単な方法はないものか。

実は身近なところに、オキシトシンの分泌をうながしてくれる生き物がいます。

それが猫や犬といったペット。**猫や犬とふれあうだけで、オキシトシン量が確実に増える**のです。

また**触られたペットの体内でもオキシトシン量が増える**ことが、筑波大学の研究チームによって実証されています。

つまり、ペットとふれあうことができれば、互いに癒されるということ。なるほどペットブームが続くわけです。

最近、ペットと一緒に入居できる老人ホームやアニマルセラピーを積極的に行なう介護施設が増えていますが、それも時代の要請なのでしょう。

高齢化社会の今、ペットとのふれあいは、これからますます欠かせないものになっていくのでしょうね。

「思い込み」で、体は重くなる？

何かの事情で停止しているエスカレーターを昇ったり降りたりしたとき、なんだか急に足が重くなったような感覚を味わった経験はありませんか。

これは、エスカレーターは自動で動いているもの、という思い込みがあるために起こる現象です。

思い込んでいるので、ふだんエスカレーターでしているような重心の移動を体が無意識に再現してしまうため、足を踏ん張りすぎてしまうのです。

このように、脳が記憶している情報と異なる出来事が発生した場合に感じる違和感を**『エスカレーター効果』**といいます。

こうした人間の思い込みや想像を裏切って、それを違和感ではなく驚きや笑いに変えてしまう手法は、ビジネスの世界でも大いに活用されています。

たとえば、かつて話題になった健康飲料のＣＭにはこんなキャッチフレーズが使われていました。

「うーん、まずい！　もう一杯」

健康飲料のＣＭで、まさか味をこき下ろすはずがないという思い込みを見事に裏切ってくれたのです。それだけに、視聴者は強い印象を覚え、それまでマイナーだったその健康飲料の認知度は驚くほどアップしました。これこそまさに『エスカレーター効果』。

この効果はインパクトが強いので、恋愛にも活用できます。

その一例が、最近はやりのサプライズ・プロポーズでしょうか。

女性の想像を超える素敵な演出をすることで、一生忘れられない記念日にすることもできます。ただし、タイミングを間違えると、一生忘れられない最低最悪の記念日になってしまうことだってありますけどね。

いつもの街を歩くのが10倍楽しくなる方法

心理学用語のひとつに、『**カラーバス効果**』と呼ばれるものがあります。

これは**「自分が意識していることほど、それに関係する情報が自分のところに舞い込んでくる」**という現象を指す用語。

カラーとは、「色」のこと。バスは、「浴びる」という意味。日本語に直訳すると、「色を浴びる効果」ということです。

ある色を意識すると、その色に関わる情報が急に目に飛び込んでくるようになるのです。

「今日のラッキーカラーは赤」という占いを見たら、なんだかあちこちで赤い色が目につくようになった、などという経験はないでしょうか。

このカラーバス効果が発揮されるのは色だけに限りません。

たとえば、「今日は、防犯カメラを意識して歩いてみるぞ」と思って街へ出かけてみてください。

すると、コンビニやスーパー、駐車場、そして電柱などなど、街のさまざまな場所にある防犯カメラが面白いように目に飛び込んできます。意識しなければ、絶対気づかないようなところで発見して、驚くことだってあります。

そんなふうに、**目的を意識すれば、自分の欲しい情報が自然と引き寄せられるようになる**、それが『カラーバス効果』です。

これを実体験するには、「テーマを決めて歩く」というのがポイント。

なんでもいいので、問題意識を持つことが大切です。

漠然と「何か面白いことはないかなあ」ではなく、「うなぎ屋」「野良猫」などできるだけ具体的な対象を選んでイメージするのです。

何かひとつのテーマに絞れたら、そのことについて考えながら歩いてみましょう。

思わぬ発見、アイデア、発想が得られやすくなり、これまで以上に街歩きが楽しくなりますよ。

3章

これだけで「あの人の気持ち」を見透かせる

——しぐさ・表情・何気ないひと言……
人は〝ホンネ〟を隠せない

「目は口ほどにものを言う」って本当？

「目は口ほどにものを言う」ということわざがありますが、実際、目はその動きでいろいろな情報を伝えてくれているようなのです。

相手の視線からどんなことが読み取れるのかをご紹介しましょう。これは、アメリカのリチャード・バンドラー、ジョン・グリンダー両博士による**「神経言語プログラミング」**という研究から判明したことです。

あなたの目の前に相手がいると想像しながらお読みください。

《目が左上を向いている》

過去に体験したことを思い出そうとしている。たとえば、昨日の朝ご飯は何だったかを思い出そうとするとき、人は無意識に視線を左上に向けるようです。

《目が右上を向いている》

未来の出来事を想像している。嘘や架空の出来事を人に話そうとするときも、人は無意識に視線を右上に向けるようです。

《目が真上を向いている》

自分の考えをまとめようとしている。ただし、今の話題について考えているとは限りません。上《うわ》の空だったことをごまかすときにもしがちな動きです。

《上目づかいにこちらを見る》

自信がなく戸惑っている状態。相手を頼りたいと思う気持ちの表われ。ただし、にらむような視線の場合は、相手に反感や怒りを感じているのかも。

視線に注目すると、相手の意外なホンネや嘘に気づくこともできます。あなたも視線の動きから、友人やパートナーの心の内を覗いてみませんか。

SNSにこんなにハマってしまう人がいるのは

あなたが朝起きて、すぐにやることは何でしょうか。

最近だと、「まずスマホでSNSのチェック」という人が多いんでしょうね。

それほどSNSは私たちの生活にすっかり浸透してしまいました。SNSのおかげで、交友関係が広まり、生活が便利になったことは確かです。

でも、その一方でSNS依存症という言葉が生まれるほど、SNSに依存しすぎる人が増えているのも事実です。


どうしてここまでSNSは普及したのでしょう。

その驚きの理由が、アメリカのシカゴ大学の研究から判明しています。

それによると、日常生活の中で生じるたくさんの抗えない欲求の中でも、「SNS

のチェックを我慢する」は、「お酒」「睡眠」「セックス」「喫煙」の欲求に抗うことより難しいことがわかったというのです。

今やSNSは、人間の食欲・睡眠欲・性欲といった基本的な欲求に並ぶほどの欲求になりつつあるということ。

「スマホがなかったら生きていけない」などとオーバーに言う若者がいますが、本人にしてみれば決して誇張ではないのかもしれませんね。

また、**SNSにハマるのは「いいね！」ボタンがあるから**だともいわれています。人には**『承認欲求』**があり、自分の言動に賛同したり共感してもらうと快感を覚えます。そして、「いいね！」をもらえばもらうほど、ある種、麻薬的にその快感のとりこになってしまうようなのです。

だから、一所懸命投稿に励む。「いいね！」がもらえなかったらもらえなかったで、不安になって投稿する。その繰り返しでやめられなくなってしまうというわけです。

ひょっとしてあなたも、そのワナにハマっていませんか？

「第一印象のいい」ってどんな顔？

「40歳を過ぎたら、自分の顔に責任を持て」

よく耳にするこの名言、誰の言葉かと思ったら、アメリカの第16代大統領リンカーンの言葉なのだそうです。

人もその歳ぐらいまで人生経験を積めば、品格が身についてきます。そして、それは自然と顔ににじみ出てくるものだということ。

顔のつくりのよし悪しに関係なく、「あの人、いい顔してるな」と思える人って、きっと培われた品格が顔からにじみ出ているものなのでしょう。

ぜひ、そういう顔になってみたいものですが、それに関連した面白い調査結果があるのでご紹介しましょう。

調査をしたのは、アメリカのテキサス大学経済学部のハマーメッシュ教授と、その研究グループ。

教授たちは、一般の人に7500人のビジネスパーソンの写真を見せ、どんな印象を持つかを5段階評価で尋ねました。その結果、写真で好印象を持たれた人ほど仕事もよくできるし、年収も高いという結果が出たというのです。

男性であれ女性であれ、最も好印象を持たれた人たちは、平凡な印象のグループよりも、生涯賃金で日本円にして2000万円近くも多く稼いでいるのだとか。

印象のいい顔をしている人は、好感が持てるだけではなく、ビジネスにおいても勝者になれる可能性が高いということ。

人は感情的な生き物です。感じのいい人とはつき合いたいけれど、感じの悪い人はできれば敬遠したいと思うもの。それだけに、最初の印象が仕事の成否を左右するのは当然のことといえるでしょう。

第一印象のよし悪しは、心理学的に見ても重要なポイントとなります。『**初頭効果**』といって、**最初に会ったときの印象が後々まで尾を引く**からです。

最初に「感じのいい人だな」という印象を与えることができれば、少々の落ち度はカバーできるし、悪く思われることもありません。

では、少しでも好印象を相手に抱かせるにはどうすればいいのでしょう。

それには、**言葉と表情が一致していること**が重要になります。言葉と表情が一致していないと、相手が不信感を抱くからです。

一度不信感を抱くと、人は言葉ではなく表情のほうを信じることが、実験でも証明されています。そこが怖いところ。

「この人、口では調子のいいことを言っているけど、あの笑顔はどうも怪しい。本心は違うんじゃないかしら」となるわけです。

言葉では「じっくり見比べて、お選びください」と言いながら、売り手がちょっとでもイラついた表情やしぐさを見せると、お客はそれを敏感に見てとって、「また今度にするわ」と、お店を後にしてしまいかねないということ。

ボディーランゲージの専門家は、**表情やしぐさで注意すべき点は、体の中で「元」のつくところ**だといいます。

それは、**目元、口元、耳元、手元、そして足元**のこと。そこに、その人の思いやホンネが表われるからです。

たとえば商品をお客に渡すとき、お客のことを大切に思っていれば、片手ではなく両手を使うでしょう。それが手元。

お客を心から歓待しようと思えば、口角、つまり口元が自然と上がります。

また、真剣味がお客に伝わるのは目元だし、お客の言葉をしっかり聞いていることを知らせるのは耳元。

そして、真摯《しんし》な態度が意外と表われるのは足元。お客と誠心誠意向かい合っていると、足元は自然とお客に向くし、立ち姿にも隙がなくなります。

さてあなたの目元、口元、耳元、手元、足元は、相手にいい印象を与えているでしょうか。

相手に「おやっ」と思わせる、効果的なひと言

フランス映画の名作『勝手にしやがれ』（1959年）の中に、主人公のこんなセリフが出てきます。

「1秒だけ待ってくれ」

この主人公、1秒で戻ってこれるはずがないのに、平気でこんな捨てゼリフを吐いて恋人の前から姿を消してしまうのです。もちろん恋人はキョトン。映画を観ているこちらもキョトン。

でも、とても印象に残るワンシーンでした。きっと恋人も主人公のことが強烈に印象に残り、忘れられなくなったことでしょう。

こんなふうに、**「えっ」「おやっ」と思わせて、相手に強い印象を残す**心理テクニッ

クを**『ピーク・テクニック』**と言います。
ピークとは「興味をそそる」という意味です。

アメリカの心理学者サントスが、この『ピーク・テクニック』を使った面白い実験を行なっています。

それは、街で道行く人に2通りの言い方でお金を借りるというものでした。

一方の学生には、

「10セントを貸してください」

と頼むように指示し、もう一方には、

「17セントを貸してください」

と頼むようにと指示を出したのです。

結果は、「17セントを貸してください」と頼んだ場合は、半数近くの人がお金を貸してくれたのに、「10セントを貸してください」と頼んだ場合は、ほとんどの通行人に無視されてしまいました。

なぜ、そんなに差がついてしまったのでしょう。

それは、**「17セント」という中途半端な金額に、通行人が興味をそそられたから。**中途半端な金額には、きっとそれなりの理由があるのだろうと、興味を抱いて貸してくれたのです。

このように、『ピーク・テクニック』を活用すれば、かなりの確率で人の関心を引き、自分のペースに持ち込むことができるということ。うまく使えば、仕事にも恋愛にも役立ちそうです。

たとえば、あなたが結婚の許可をもらうために恋人の父親に直談判する立場だったら、こんな手も考えられます。

「お父さん、ボクに7秒間、時間をいただけるでしょうか」

そう切り出すのです。

切り出された父親は「えっ」と思うはず。7秒間でこいつは何をするつもりだろうと、首をかしげることでしょう。

相手にそう思わせることができれば、計画は8割方成功です。

あとは、7秒間をフルに使って、思い切り深呼吸を2、3回するだけ。

そして、さあ心は決まったぞ、という顔をしてこう言います。

「お父さん、お嬢さんと結婚させてください！」

ちょっとわざとらしいかもしれませんが、きっと父親はほほえんで、あなたの申し出に好意的な返事をしてくれるに違いありません。

「握手」をするだけで、相手がここまでわかる

握手という習慣が日本に入ってきたのは、幕末から明治にかけてのことだと思われますが、当時の人たちが現代のアイドルの握手会の風景を見たらどう思うでしょうね。

それはそれ、握手をすると、それだけで相手からさまざまな情報が伝わってくることをご存じでしょうか。

たとえば、**握手をしたときに相手の手が湿っている場合は、かなりの確率で内向的な人**だなと判断することができます。心理的に不安やストレスを感じている人は、手に汗をかいて湿っている場合が多いのです。

内向的な人は、外交的な人と比べて人間関係で不安やストレスを感じる傾向がありますす。だからどうしても手が湿りやすいということ。

逆に、**手が乾いている人は、あまり日常的に不安やストレスを感じておらず、外交**

的で、人づき合いが苦にならない人だと判断することができます。

このことを知っていれば、握手後にどんな対応をすればいいかが、おのずと判断できます。

手が湿っている人に対しては、いきなり根掘り葉掘り質問はしないこと。深い話はじっくり交流を深めて、お互いの気心が知れてからにしたほうが賢明だということです。

一方、手が乾いている人であれば、逆に遠慮をするほうが失礼になるかもしれません。積極的にアプローチしたほうが、相手も乗ってきやすいでしょう。

スキンシップのことを心理学では『**タッチング**』といいますが、握手なら簡単にできるのでスキンシップが苦手な人にもおすすめです。

また、握手のときの、相手の握る強さにも注目してみましょう。

相手からの握手が強ければ、あなたに好意や伝えたい熱意があると判断できます。

逆に**弱々しい握手は、あまりあなたに関心や親近感を抱いていない可能性や、早くやりすごしたいという気持ちの表われ**であったりします。

「人はほめられると伸びる」は本当か

幕末の思想家・吉田松陰《しょういん》は、松下村塾で後に日本の歴史に名を残す偉人たちを数多く育てたことでも有名です。

松陰はほめ上手な人だったようで、塾に入門してきた気弱そうな少年を、こう言ってほめ上げたそうです。

「君には将来性がある。いずれ大政治家になれるぞ」

ほめられた少年は、のちに政治家となり、総理大臣にまでなりました。

その人物こそ、日本の初代総理大臣・伊藤博文でした。

『ピグマリオン効果』という心理学用語があるのをご存じでしょうか。

人の可能性を信じて期待すると、相手がその期待に応えるようになる現象をいう言葉ですが、吉田松陰と伊藤博文の逸話は、まさにその効果が発揮されたものと思われます。

アメリカのローゼンソールとジェイコブソンという心理学者が行なった実験があります。

2人は『ピグマリオン効果』を、ある小学校の先生と生徒たちを被験者にして証明してみせました。

まず全校生徒に知能テストを行ない、その結果とは関係なく、担任教師に、各クラスの20%に当たる生徒の名前を挙げて、

「この生徒たちは、知能テストで急速に知的能力が伸びると予測された生徒です」

と、告げたのです。

8カ月後、再び知能テストを行なったところ、**「近い将来、伸びる子」と告げられた生徒たちは、そうでない生徒たちに比べて著しく成績がアップしたた**といいます。

まさに『ピグマリオン効果』が働いたことを示す結果でした。

やはり、ほめて期待すればするほど、人はそれに応えようとがんばる生き物のよう

です。

では、ほめ上手な人にはどんな資質があるのでしょう。

ある研究者によれば、次の３点が挙げられるといいます。

①実行力と判断力があり、理性的な人
②社会的協調度が高く、多くの人と交流を結べる人
③物事に対して素直で、肯定的な人

つまり、**自分にも他人にも心が開いていて、肯定的な考えをする人**だということ。

そうした態度が基本にあるので、初対面の人ともすぐにうち解けて、性格の違いも乗り越えられるのでしょう。

しかも、相手の性格や態度を肯定的にとらえるので、評価すべきところはちゃんと態度や言葉にして相手に知らせることができる。

また、困難な立場に立たされても決してあきらめず、意見が食い違ったときは、相手の言い分をまず聞き、相手が自制心と分別を取り戻すまで待つ、心の余裕もある人

が理想的です。

さて、そんな資質を備えた人は、あなたの周囲にいるでしょうか。

心理学にもとづいた「ほめ言葉」のコツ

「叱る」より「ほめる」べし。それを実践した歴史的な人物がいます。

その人の名は、山本五十六《いそろく》海軍大将。

「やってみせ、言って聞かせて、させてみて、ほめてやらねば、人は動かじ」

この名言、ご存じの方も多いことでしょう。山本は部下を「ほめる」ことの重要性を、十分すぎるほど認識していた人物だったのです。

「そうはいっても、ほめるのはどうも苦手で」

そう苦笑いする人は多いもの。私たち日本人は、「ほめる」イコール「お世辞」と考えて、なんとなく敬遠する傾向があるからです。

そのせいか、ほめること自体に慣れていなくて、何をどうほめていいのか、そこで頭を悩ませる人は意外と多いもの。

もしあなたもそうなら、ぜひ先ほどの山本五十六の名言の続きにご注目ください。

「話し合い、耳を傾け、承認し、任せてやらねば、人は育たず」

この言葉の中にある**「承認」**は、心理学的に見てもとても重要なポイントになります。

というのも、人は周囲から承認、つまり認めてもらいたいという欲求を常に持っているからです。自分という存在を認めてもらえるだけでも、うれしくなってしまうのが私たち人間なのです。

「おや、髪を切ったんだね」

「へえ、君って青森出身か」

そう言葉をかけてもらえるだけで、自分がまわりに関心を持ってもらえていることがわかって心が浮き立つのです。

ほめるのが苦手という人は、まず相手の存在や行動を認め、気づいたことを口に出すことから始めてみてはいかがでしょう。

「これ、君がやってくれたんだ」

「君はやることが早いね」

それが口に出せたら、その後に、

「助かるよ」

「さすがだね」

と続けるだけで、すばらしいほめ言葉になります。


また、**第三者が認めていると伝える**のも非常に効果的。

ためしに**「〇〇が君のことをほめてたよ」**と声をかけてみてください。相手はとたんに笑顔になるはず。

ほめられれば、自然と自信が芽生えます。それを心理学では**『自己効力感』**と呼びます。

『自己効力感』が高まれば、がぜんやる気も出てくるし、仕事にも前向きに取り組むようになります。いい循環が生まれるというわけです。

ほめることの効用はそれだけではありません。

ほめられた相手は、ほめた人に心を開くので、信頼感が増し、それだけに絆《きずな》も強くなります。

そういう相手を裏切るような行動はとれなくなるし、たとえ叱られても、「自分のために叱ってくれているんだ」と考えるようにもなります。

つまり、ほめて悪いことは何もないということ。

そこまでわかれば、人をほめるエキスパートになるには何をすればいいかが見えてきますよね。

そうです。まずは相手の一挙一動に関心を持つことです。

「しぐさ」に何が表われる？

目の前の相手の何気ないしぐさをチェックすることで、その人の心の内を探ることができます。次のポイントに注目してみてください。

《指組み》

相手が指を組んでいたらチャンス。どちらの親指が上になっているかをチェックすると、その人が「即断即決するタイプ」か「熟考タイプ」かがわかります。

◎右親指が上の人↓即断即決型タイプ
◎左親指が上の人↓熟考型タイプ

《腕組み》

相手が腕組みをしていたら、どちらの腕が上になっているかをチェック。その人が「思考タイプ」か「感覚タイプ」かがわかります。

◎右腕が上の人↓思考タイプ。自分のポリシーを大事にする人

◎左腕が上の人↓感覚タイプ。ソフトな印象で、場の空気を読める人

《足組み》

相手が足を組んでいたら、どちらの足が上になっているかをチェック。その人の「心の開放度」がわかります。

◎右足が上の人↓クローズドマインドタイプ。自分から積極的にアプローチはしない人。あまり冒険はしないタイプ。

◎左足が上の人↓オープンマインドタイプ。時に大胆な行動をとることも。心配性なわりに無頓着な一面も。

気になる人のことを、こっそりチェックしてみましょう。

相手にホンネを言わせる心理テク

相手の本心を知りたくても、簡単にホンネを漏らしてくれる人はそうはいません。
それでも知りたいときは、この裏わざを使ってみてはいかがでしょう。
共通の友人の名前を出して、こう尋ねてみるのです。

「こういうとき、○○君なら、なんて言うかな？」

「あなたはどう思う？」では抵抗感があって聞き出せないことでも、他人に投影させた形で質問してみると、相手は自分の意見ではないので責任感が軽くなって、素直な意見を述べてくれるものなのです。

しかも、「そうだな、○○君なら……」と言いつつ、それがその人のホンネであったりもします。このような質問法を『**ニュートラル・クエスチョン**』といいます。実例で検証してみましょう。

女「美奈ったらこの週末、彼氏を実家に連れて行くつもりだったらしいんだけど、彼氏に断られちゃったんだって」
男「へぇ〜」
女「彼氏、なんで断ったんだろ」
男「そりゃあ、プレッシャーだったんだろ。下手すると、『結婚に王手』って感じだもんな。彼氏だってビビるさ」

この会話、男性の台詞《せりふ》に注目してみてください。
友人の彼氏の気持ちを代弁しているようで、実は本人のホンネの部分が、かなり吐《と》露《ろ》されているのが読みとれます。
他人ごとだと、人はつい口が軽くなります。これは、そこにつけ込む心理テクニックなのです。

「相談相手」にふさわしい人の見つけ方

あなたは、映像や写真で他人が注射をされている場面を見たとき、まるで自分が注射をされたときのように「イタタッ」となりませんか？

こうした心理現象は「共感」のひとつであり、痛みを感じている他者を助けるときの動機にもなると考えられています。

つまり、痛そうな映像を見て、思わず顔をしかめてしまう人ほど共感力が高く、**『援助欲求』**も強いということです。

悩みの相談は、解決策を提示してもらうよりも、「かわいそう」と相手に共感してもらったり、「大変だったね」と同情してもらったりと、ただ話を聞いてほしいだけのときもあります。

そんなとき、頼りになるのは共感力が高く、援助欲求の強い人。

もし、そういう人が必要な場合は、ちょっと痛そうな話をして、相手の様子をうかがってみましょう。

「さっき、タンスの角で足の小指をガツンとやっちゃって」

「ボタンつけをしていたら、指に針が刺さっちゃって」

そんなエピソードを披露して、相手の表情を確かめるのです。

もし、**相手が思わず顔をしかめたら、相談相手にはもってこい**の人だということ。

顔もしかめず、大してリアクションもしない場合はクールな性格なので、ただ話を聞いてほしい場合には不向きな人といえます。

共感力は、男性より女性のほうが断然高いので、安心して身をゆだねられる相談相手としては**「痛い話に顔をしかめてくれる人」**で、**しかも「女性」**であるのがベストということになります。

苦手な相手との交渉は「行きつけの店」で

家の中では強がって王様のように振る舞っているのに、外ではからっきし意気地のない人のことを「内弁慶《うちべんけい》」といいますが、これとやや似ている現象が、プロ野球やサッカーなどの試合でも見られます。

ホームグラウンドでの試合は、アウェイでの試合よりも、一般に勝率が高いのです。スポーツの中では、とりわけホームアドバンテージが大きいのがサッカーだといわれています。

本拠地であれば、移動による選手の疲労も少ないでしょうし、気象条件にもある程度慣れています。

もちろん、芝の状態などグラウンド・コンディションをよく知っていることも有利に働くでしょう。

さらに国際試合では時差の影響を受けないなど、好条件がそろっています。そして何より本拠地であれば、サポーターも大勢集まり、声援も一段と熱が入りますから、選手の志気はいやが上にも高まります。

ですから、ホームチームはふだんの実力を100％、いやそれ以上に発揮することができるわけです。

そうした心理を**『ホームグラウンド効果』**と呼んでいますが、これをうまく使えば、さまざまな場面で相手より優位に立つことができます。

たとえば、苦手な担当者と交渉する場合は、**「当方で会議室を用意しましたので」と、相手を自分のホームグラウンドに引き込んでしまう**のです。

また、接待の場合も自分の行きつけの店を使えば、店側も常連客にはサポーターになってくれますから、『ホームグラウンド効果』が働いて、リラックスしながら自分のペースで交渉を進めることができます。

ネクタイの〝色選び〟でこんなに変わる

アメリカの大統領選挙の討論会では、民主党の候補者も共和党の候補者も、どちらも赤いネクタイをするのが習わしのようになっています。これ、アメリカでは「パワータイ」と呼ばれていて、ケネディ大統領が大統領選挙で使って以来、男性の立候補者のおきまりのスタイルになっているようです。

ネクタイの赤は、身につけている人の「情熱」「やる気」をアピールしてくれるので、候補者にはピッタリというワケです。

このように、ネクタイの色にはメッセージ性があるので、ＴＰＯによって使い分けると、さまざまな効果を発揮してくれます。

《赤》意欲やリーダー性を感じさせる色。自分の主張や意見を通したいときに効果的。

ただ、「強い怒り」や「威嚇《いかく》」というネガティブなメッセージも発する色なので、謝罪に出向くときに着用するのはNG。

《青》信頼や律儀さを表わす色。知的で爽《さわ》やかなイメージもあります。気持ちを落ち着かせ、論理的に話をしたいときや、慎重さ、誠実さを伝えたいときにおすすめ。

《黄》明るく元気なイメージを与える色。個性、楽しさを表わす色でもあります。楽しくコミュニケーションしたいとき、たくさんの人から注目を集めたいとき、たとえばパーティーのスピーチや講演会などで効果を発揮。

《グレー》従順、受容する気持ちを表わす色。目上の相手と話をするときに効果的。

さて、今日はどんなネクタイが効果的でしょうか。

なぜ「平気で嘘をつく」人がいるのか?

世の中には平気で嘘をつく人がいます。嘘に嘘を重ねすぎて、それが事件になることもあります。なぜ平気で嘘をつけるのでしょうか? 人間のどんな心理がそうさせるのでしょうか?

人は幼児期からもう嘘をつき始めます。手を洗っていないのに「洗った」というような他愛のない嘘がほとんどですが、そんな嘘を幼児がついてしまうのは**欲求に素直**でどん欲だから。「早く食べたい」が先にあるので、手を洗うなんて面倒なことは頭にないのです。

それが年を経るに従って、そして人間関係が複雑になっていけばいくほど、嘘も次第に巧妙かつ複雑になってきます。

多いのが『**自己顕示《けんじ》欲**』の高まりからつく嘘。話に尾ひれをつけた自慢話から、学歴や肩書き、また年齢の詐称《さしょう》まで、人は平気で嘘をつきます。

また、弱い自分の立場を守るための嘘は、他人をおとしめるために陰口を叩いたり、匿名《とくめい》で下劣な噂を流したりと、どんどん陰湿になっていくことも。

つまり、平気で嘘をつく根底には、**自分をよく見せたいという「顕示欲」と、自分を守りたいという「保身の気持ち」**があるということ。

そんな嘘つき人間が身近な人である場合は、注意が必要です。正面から非難すると、逆に悪者にされたり、白い目で見られたりとよいことがないからです。

特に、次のような点には気をつけましょう。

- 嘘を見抜いても、必要以上に問い詰めたり否定したりしない
- 嘘つきの悪口や噂話には乗らず、広めないようにする
- 人前で嘘を指摘して恥をかかせることはしない
- それでも自分の過ちを認めもせず謝らない人、責任転嫁する人とは距離を置く

どれも消極的な対処法ですが、それだけ嘘つき人間に対応するのは難しいということでもあります。

相手を饒舌にする心理トリック

聞き上手な人は、相手を饒舌《じょうぜつ》にしてしまう会話術を心得ています。
そのひとつが、『**倒置法**』を使って会話を盛り上げるというテクニック。
これは、**語順を逆にして、先に結論を言ってしまう**という会話法です。
AとBを読み比べてみてください。

A「そんなことがあったら、驚きですよね」
B「驚きですよね、そんなことがあったら」

語順を変えただけですが、Bのほうが断然印象に残りやすいですよね。
倒置法を使っての会話は、強調の文法の代表格だけあって、耳に残りやすく、インパクトが大きいのです。

それだけに、こちらが感心していること、関心を持っていることがより相手に伝わります。

相手が自分の話に感心してくれているとわかったら、誰だってうれしいものです。うれしくなれば、もっと話したくなります。つまり、どんどん饒舌になっていくということ。

人は、自分をうれしくさせてくれる人には好感を持ちますし、もっと長く一緒にいたいと思うもの。倒置法を使えば、聞き上手になった上に、好感度もうなぎ登りになるというわけです。

「わかります、その気持ち」
「すごい話ですね、それ」
「聞かせてくださいよ、その話」

こんなふうに倒置法で相づちを打って、聞き上手になりましょう。

有能なセールスマンの「必殺フレーズ」って？

私たち日本人が集団行動をとりがちなことは、自他ともに認めるところですが、そうした傾向を心理学では**『多数派同調バイアス』**と呼んでいます。

これは、簡単にいえば**自分以外に大勢の人がいると、とりあえずまわりに合わせようとする心理**のこと。

このことを熟知している有能なセールスマンは、こんなふうにお客を勧誘します。

「この商品は、お得意さまにはどちらのご家庭でもお使いいただいておりまして。ありがたいことに評判もよろしいんですよ」

さらに、大半の日本人には**「自分は中流だ」**という意識があります。

ですから、どこの（中流の）家にもあるのなら、我が家にだって……という意識が働いてしまいがち。

なので、先の言葉が販売促進の決め手になることが意外に多いようなのです。

というのも、そもそも人間は自分と同じような立場の人と似た行動をとろうとする傾向があるのです。

心理学用語に、**『準拠《じゅんきょ》集団（自分が属する集団）』**というのがありますが、たいていの人は、この準拠集団に属する人と同じように振る舞いたがる傾向があるのです。

人は、仲間はずれや笑いものの対象にされるのを恐れるあまり、他の人となるべく同じ行動をとろうとする生き物だということです。

4章

男と女の「言わない秘密」をあぶり出す！

——「好き」と「嫌い」の境界線

女性の「勘」が鋭いわけ

「ね、今日の私、どう思う?」

そう恋人や伴侶に問いかけられて困った経験、男性ならよくあるのではないでしょうか。

男性からしてみると、「どう思う?」と聞かれても、どこもふだんと変わらないので答えようがないのだけれど、女性は許してくれません。

「ひど~い! 前髪こんなに切ってきたのに。もぉ、私のことなんて全然関心ないのね!」と、大むくれ。

そうなると男性は、ご機嫌をとるのに大わらわです。

相手の様子から気持ちを理解し推測することを、心理学では『デコーディング』といいます。日本語にすると、『**解読**』という意味。

男性と女性は、外見も心理面も違うところだらけですが、デコーディング能力に関してもかなりの違いがあるのです。この能力に関しては、残念ながら男性は女性の足下にもおよびません。

男の浮気が彼女や奥さんに簡単にバレてしまうのに、その逆はなかなかないのは、そんなデコーディング能力の差が原因と考えられています。

女性が〝勘が鋭い〟といわれるのも、この能力ゆえなのです。

人間のコミュニケーションの方法には、**バーバル（言語）**と**ノンバーバル（非言語）**の二つがあります。

言葉を交わすことで自分の思いを伝える方法を、バーバル・コミュニケーションといい、表情や動作などにより、言葉を使わないで自分の気持ちや感情を伝える方法をノンバーバル・コミュニケーションというのです。

女性は、ちょっとした目の動きや、体の揺すり方、手足の動きなどを瞬間的に感じ取り、相手の心の内を読み取ってしまう能力に長けています。その点では男性はかないません。

なぜでしょう。

その理由のひとつは、太古の昔から出産・育児を女性が一手に引き受けてきたからだと考えられています。

赤ちゃんは言葉を発することができず、子どもや大人のようにバーバル（言語）コミュニケーションができないのです。

お母さんとしては、我が子の表情やしぐさを頼りに必死にコミュニケーションをとるしか方法はありません。それゆえに、相手の感情を読み取る能力が発達したと考えられているのです。

男性が女性から「もう、気がきかないんだから！」と文句を言われてしまうのは、まさに育児を手伝ってこなかったという証なのかもしれませんね。

ある研究によると、**女性の勘の鋭さは男性の4倍**もあるそうです。男性としても笑い飛ばすには差がありすぎますよね。

とはいえ、落ち込んでばかりはいられません。男性も能力の差を縮める努力はする必要があるし、実際、努力さえすれば確実に差は縮まるものでもあるのです。

それに、女性だって誰もがこの能力が高いわけではありません。

女性でも、自分以上に他人に関心があり、相手を思いやることができる人ほど高く、逆に、他人より自分自身に関心があり、自分が他人からどう見られているかばかりが気になる人は低い傾向があります。

つまり、男性も今以上に他人に関心を持ち、相手を思いやることができれば、この能力は高まるということ。

しかもこの能力が高まれば、仕事にも大いに役立ちます。相手のちょっとしたしぐさから、何を求めているのかを読み取って的確な行動がとれるからです。

実際、有能な販売員にはこの能力の高い人が多いのも事実です。


相手のノンバーバル（非言語）行動から感情を察するには、相手の細かいしぐさやサインに気づく必要があります。

その重要な手がかりのひとつが、足。

普通は相手の顔に注目しがちですが、顔の表情は意識して作れば、どのようにも作ることができます。

ところが、足はそういきません。足まで気が回らないのです。**足は「嘘のつけない正直者」**というわけです。

ですから、デコーディング能力を高めたいなら、まずは足に注目しましょう。

人は興味をひかれる対象へは自然と足が向きます。片足だけがそちらへ向く人がいれば、一歩前へ踏み出す人もいます。それは対象と距離を縮めたいという気持ちの表われ。

逆に興味がない場合は、体はそちらを向いていても、足は別の方向を向いています。もし、出口のほうを向いていたら、さっさと立ち去りたいというサインかも。

では、ここで質問。

次のような態度をとる人は、どんな傾向があると思いますか？

① 周囲をキョロキョロ見回す

② 上半身の動きが硬い（腕を少ししか動かさない）

実はこれ、万引きをする人がとりがちな態度なのです。デコーディング能力が高いと、万引き被害を未然に防ぐことも可能になるということ。

さてあなたは、ご自分のデコーディング能力にどれくらい自信をお持ちでしょうか。

本当に男は〝女の涙〟に弱いのか

容易に人には知らせないわざや、とっておきの方法のことを「奥の手」といいますが、この「奥の手」、実は「左手」であるということをご存じでしょうか。

古来、日本では左のほうが右より尊いという思想がありました。いにしえの時代に右《う》大臣よりも左《さ》大臣のほうが上位であったことも、その思想の表われ。

そのせいもあってか、右利《き》きの場合、日常的なことはほとんど右手でやり、左手は大切な手としてあまり使わなかったといいます。それが「奥の手」という言葉の由来になったというのです。

「奥の手」とは、いわば切り札のこと。最高の切り札を隠し持っているというだけで、心にゆとりが生まれることは確かです。交渉ごとでも優位に立てます。

恋愛で優位に立つための女性の切り札といえば、やはり涙でしょうか。昔から、涙は女の武器といいます。確かに効果は絶大です。

「泣く」だけではなく、「怒る」「ふくれる」「ぐずる」といった**相手に嫌悪感を抱かせる刺激を与えることで、相手を自分の思い通りに動かす行為を『嫌悪コントロール』**といいます。

これはもともと、言葉を発することができない赤ちゃんが、お母さんやお父さんに自分のやってほしいことを伝えるために行なうもの。赤ちゃんに泣かれたり、ぐずられたりすると、親はもう赤ちゃんの言いなりになってしまいます。

それをいい大人になってもやろうとする女性が、いや、性別に関係なくいるんですね。

ただし、自分の思う通りになるからといって乱用するのは禁物。どんな刺激でも繰り返し経験すれば慣れてくるもの。相手がいい加減に堪忍袋の緒を切ってしまい、思わぬ反撃をくらうことだってあります。

やはり「奥の手」は、ここぞというときのためにとっておくほうが身のためです。

「仲のいい夫婦は顔が似ている」のはなぜ？

「似たもの夫婦」という言葉があるように、仲のいい夫婦は、性格だけではなく顔立ちまで似ていたりします。

しかし、一緒に暮らしているだけで、血のつながりもない2人の顔が似てくるなんて、そんなことがあるのでしょうか。

『ミラーリング効果』という心理学用語があります。

ミラーリング効果とは、好意を寄せている相手のしぐさや動作、表情を無意識のうちにまねてしまうことをいいます。また、自分と同様のしぐさや動作を行なう相手に対して好感を抱くこともいいます。

パートナーとともに暮らしていると、食べるものも同じ、寝る時間や起きる時間も同じ。ずっと一緒にいるため、ミラーリング効果が発生する頻度も高いでしょう。そのため自然と体のサイクルも同じになります。そして、一緒に笑ったり泣いたりすることで、表情筋も同じように使います。だから、時間が経てば経つほど顔自体が似てくるのではないかと思われるのです。

一方で、「つき合っていると顔が似てくる」のではなく、「もともと顔が似ている人を好きになっている」という説もあります。

『類似性の法則』といって、人は顔だけではなく行動、しゃべり方、リズムなどが似ている人に好感を持つという心理があります。

その説を裏づけるかのように、２０１２年、フランスのモンペリエ大学である実験が行なわれました。

１００人の男性にコンピュータで作成した女性の顔をいくつか見せ、どの顔が最も魅力的であるかを選ばせるというものでした。すると、**37％の男性は自分の顔と似た特徴のある人を選んだ**というのです。

周囲に「彼と似てきたね！」なんて言われたら、それは2人が本当に愛し合っている証拠。大いに喜ぶべきことかもしれませんね。

失恋後に人が思わずとってしまう行動は？

ある朝出社したとき、髪が長かった同僚の女性がそれを切って現われたら、あなたはどんな声をかけるでしょうか。

たぶん多くの人が「失恋でもしたの？」と聞きたくなることでしょう。それくらい、失恋→髪を切る、という話の展開は定番化していますし、実際に失恋後に髪型を変える人は多いようです。

この行為は、心理学的にはその人に**『防衛機制』**が働くためだとされています。

人は、不快なこと、都合の悪いことは無意識に忘れようとしたり、違う形で解消しようとしたりします。そうした**自分を守るために備えている防衛メカニズムの心理**を『防衛機制』というのです。

この防衛メカニズムは、ありのままに受け止めると「苦しい」「つらい」「耐えられない」ような現実から身を守るために働きます。

髪を切るという行為は、そんな防衛メカニズムのひとつ、『**逃避**』という心理が働くからだとされています。これは、不安や苦痛を感じる状況から脱するために、別のことをして失恋という事実から逃れようとする心理。

ブランドものの高い洋服を買いまくる。ヤケ食いをする。一人旅に出かける。それらも『逃避』の心理が働いてしてしまう行動です。

布団にもぐって一日中過ごす。深夜に泣きながら友達に電話をする。そうしたちょっと子どもじみた行為は『**退行**』といいます。

また、「恋より仕事」と、がむしゃらに仕事に打ち込む。「きれいになって見返してやる」と、エステ通いやプチ整形に励む。こうした劣等感を他のことで克服しようとする行為を『**補償**《ほしょう》』といいます。

どういう行為にせよ、それは自分の心を守るために無意識的に働く、とても自然な反応です。「心の健康」を保とうとするために行なっている必死の行為なのです。

さて、あなたはどんなことをして、失恋の痛手を癒したことがあるでしょうか。

「○○なもの」が一緒だと、恋が長続きする？

「人は自分と価値観の近い人を好きになりやすい」

これは、恋愛心理学の定説です。人は性格などが似ているよりも、価値観の近い人を好きになる傾向があるのです。

たとえば、食べることが大好きで、おいしいものを食べることが生きがいという価値観を持っている2人なら、確かに意気投合しそうです。

好きなことが同じなのですから、話が盛り上がらないわけがありません。互いに好意も抱きやすいでしょう。

ただ、その恋が長持ちするかというと、話は別。

実は、**恋が長持ちするカップルには特別な共通点**があるといいます。

それは**「嫌いなものが共通している」**ということ。

なぜ、好きなものより嫌いなものが共通していたほうが恋は長持ちするのでしょう。

好きなもの、好きなことは時が経つうちに変わってしまうことがあります。

たとえば、味の好みが変わっても不思議ではありません。

「以前は、天ぷらは『天つゆ派』だったのに、今は『塩』以外は考えられない」とか。

好きなものの価値観は、うつろいやすいのです。

一方、**嫌いなもの、嫌いなことというのは、子どもの頃の体験やトラウマなどがベースになっていることもあってか、なかなか変わりません。**生理的なものが潜《ひそ》んでいるので頑固なのです。

つまり、嫌いなものが一緒なら、長く共有できるので、それだけ長く絆を感じられるということ。ですから、嫌いなものが一緒なほど、恋も長続きする可能性が高くなるというわけです。そんな心理を『**マイナス一致の感情効果**』といいます。

もし、結婚も視野に入れている相手がいるとしたら、「嫌いなもの」「苦手なもの」を探ってみましょう。長持ちするかどうかのバロメーターになるはずですから。

「待ち合わせ」でわかる男と女の心理関係

恋人たちの待ち合わせのメッカ、たとえば東京・渋谷のハチ公前は、そんな男女でいつも大混雑しています。

彼ら、彼女たちを観察していると、男女の微妙な差が見てとれます。

待ち合わせ場所に先に着いた男性が、思いを寄せている女性を待っている場合は、期待に胸をふくらませているので、それが態度にもよく表われます。そわそわと落ち着かないのです。

ですから、**キョロキョロあたりを見回している男性は、それだけ女性にぞっこんだ**ということがわかります。

一方、特に見回すわけでもなく、じっと待っている男性の場合は、現時点では相手にさほど興味がないか、あるいは、彼女を自分のものにしているという自信の表われだと思われます。

女性が待ち合わせ場所に先に着いた場合は、ちょっと違います。**女性は、思いを寄せている相手であればあるほど、姿勢をあまり崩さない傾向がある**のです。というのも、いつ彼に見られても大丈夫なように気をつかっているからです。

ですから、男性と違って女性はおすましをしているほうが脈あり、彼にぞっこんのサインである可能性が高いのです。

待ち合わせの相手が特に気のない男性であれば、少しでも遅れると女性はイライラしてキョロキョロし始めます。

つまり待ち合わせでは、気になる相手にとる態度は、男と女とではまったく正反対になりやすいということ。

自分を規準にして考えると、大間違いをしてしまうこともあるのでご用心を。

〝印象に残る人〟になる簡単な方法

『スマイル』という歌をご存じでしょうか。

元は、喜劇王チャップリンの映画『モダン・タイムス』（１９３６年）の挿入歌として チャップリン自身が作曲したもの。そのメロディに後に歌詞がつけられて、ナット・キング・コールやマイケル・ジャクソンが歌って大ヒットした曲です。

どんなに心が痛んでも、どんなに苦しくてもほほえもう。ほほえめば、きっとこの人生が捨てたもんじゃないとわかるから……。

そんな励ましのメッセージが心に残る名曲ですが、それは心理学的に見ても正しいようです。

アメリカの心理学者ウィリアム・ジェームズとデンマークの心理学者カール・ランゲは、**「悲しいから泣くのではなく、泣くから悲しくなるのだ」**という心理学の歴史に残る名言を残しましたが、それは笑いにも当てはまります。

つまり、人は楽しいから笑うのだけれど、笑っていればなぜか楽しくなってくるものだということ。笑っているうちに自然と楽しくなってくるということです。


あなたも、愛想笑いをしているうちにふしぎと楽しくなった経験はありませんか？

笑うメリットは、自分が楽しくなるだけではありません。

笑顔は相手に安心感を与えます。

また、**笑顔の人は、その印象が強く記憶に残りやすいので、相手に名前まで覚えてもらいやすい**というメリットがあります。

笑顔であるだけでコミュニケーション力が断然上がってしまうのです。

心理学ではそれを『**笑顔の優位性**』と呼んでいます。

実際、好感度の高いタレントや優秀なビジネスマンには、表情が豊かで素敵な笑顔の人が多いもの。彼らの高収入の裏には〝笑顔〟があるのです。

まさに〝笑う門には福来る〟。さあ、もっと笑顔に磨きをかけましょう。

「ツンデレ」は、なぜモテる？

最初はツンツンとつれない素振りなのに、後になってデレデレと好意的になる。

そんなふうに、敵対的態度と好意的態度の二面性を表わす人物のことを、「ツンデレ」と呼ぶことは、すっかり広まりました。

そんなツンデレタイプの異性とつき合うと、自分勝手な態度に振り回されて、不安になったりやきもきしたりと、心の中はかき乱されっぱなしになります。

なのに、そういうタイプに限ってやたらとモテるのはなぜでしょう。

ツンデレタイプのように、他者への好意の示し方にギャップがある人は、知ってか知らずか**『ゲインロス効果』**をうまく使っているようなのです。

『ゲインロス効果』とは『ゲイン効果』と『ロス効果』を合わせたもの。『ゲイン効果』とは、自分に対して悪い評価からよい評価へと変えてくれた相手に好意を抱くこと。

一方、『ロス効果』は、よい評価から悪い評価に変えた相手に嫌悪感を抱くこと。

ツンデレタイプの人は、そんな**真逆の感情を交互に相手に抱かせます。**

すると、相手は混乱する上に、そのギャップに魅力を感じ始めるのです。

学生時代、不良ぶっている人が意外に人気者だったりするのも同じ効果が働くから。**「不良＝悪（ロス）」**の負の要素を持っているにもかかわらず、たまに気さくに話しかけてくれたり優しかったりすると、**「優しい＝善（ゲイン）」**のプラスの要素が大きく感じられるので、それに魅力を感じてしまうのです。

あなたのまわりにも、「大したことないのに、なぜアイツばかりがモテるんだ」と首をかしげたくなるような友人がいませんか？

もしかしたら、その友人は『ゲインロス効果』を上手に使っているのかも……。

プレゼントで自分を最高にアピールする方法

恋人やお世話になっている人に何かプレゼントをしたいと思っても、どんなものがいいか、どんなものが喜んでもらえるかと悩むものです。

「ヘンなものを贈って、こちらのセンスを疑われたらどうしよう」

「あまり高いものだと相手に気をつかわせるし、かといって安物ではなぁ……」

そう考え出すと、なかなか決められません。

もし、プレゼントで自分という存在を相手にさりげなく意識させたいのであれば、選択肢はかなり絞り込めます。

それは、**「実用的で、しょっちゅう使えるもの」**がベストだということ。

心理学用語に**『単純接触効果』**というのがあります。これは「個体間の親密さは、接触回数、接触頻度が多ければ多いほど増す」という心理法則。

人間関係でいえば「顔を合わせたり、話したりする回数、頻度が増えれば増えるほど、相手に対しての好感度が上がる」ことになります。

クラスメイトと仲良くなったり、恋に落ちたりするのはそうした心理が働くから。

注目したいのは、この法則がものに対しても働くこと。

繰り返し使えば使うほど、そのものに愛着を感じるようになるのです。そして、それがプレゼントされたものなら、贈ってくれた相手の好感度をも上げることになります。

ですから、贈るのなら「実用的で、しょっちゅう使えるもの」がいいというわけです。使うたびに、相手にはあなたの好印象が刷り込まれるのですから、これほど効果的なプレゼントはありません。

今は、スマホが手放せない時代ですから、スマホ関連の、たとえばおしゃれなスマホケースなどは「実用的で、しょっちゅう使えるもの」という条件にぴったりかもしれませんね。

さて、あなたは意中の人にどんなプレゼントを選びます？

片思いで終わった恋が忘れられないわけ

民放のテレビ番組にCMはつきものですが、CMの前にMC（司会者）が「続きはCMの後で」と言ったとたん、それほど興味があるわけでもなかったのに、なんとなく気になってチャンネルをそのままにしてしまった経験はないでしょうか。

それは**『ツァイガルニク効果』**が働いたからだと思われます。

これは、**未完成なものやなんらかの理由で中断されたものは、人間の注意や関心をひきやすい**という心理を表す言葉。

CMがなければそのまま続きを見ることができたのに、いいところで中断されてしまったので、心残りが生まれて見ずにはいられなくなってしまったのです。

これはテレビ番組ではよく使われる手法。あえて未完にすることで人の気持ちをひきつけて継続視聴をうながすのはもちろん、CMを見てもらえる可能性が高まるので、民放のテレビ局としてはスポンサー企業に顔が立つからです。

このように、未完に終わったことは、人の記憶に強い印象として残ります。

成功体験より失敗体験のほうが記憶に残りやすいのも、そのせいです。

片思いで終わってしまった恋が忘れられないのも、途中で挫折してしまった若い頃の夢が忘れられないのも、この『ツァイガルニク効果』が働くからなのです。

また、尾崎豊やマリリン・モンローなど若くして世を去った有名人が、世間の記憶に残りやすいのも同じ理由だと考えられています。

あなたは、メールやLINEをしていて相手からの返事が遅いと、「どうしたんだろう？」「やっぱり自分に興味がないのかな」と不安になりませんか？

実は、それも『ツァイガルニク効果』。**「返事が来ない」という未完成な状態が、人の関心をひきつけてしまう**のです。

ですから、相手の関心をよりひきたいのであれば、たまにレスポンスを遅くしてみると効果ありです。『ツァイガルニク効果』は、恋愛で主導権を握るカギにもなるのです。

「あばたもえくぼ」は恋のバロメーター?

「あばたもえくぼ」とは、たとえどんなあばた顔であっても、恋をしている人間の目には「えくぼ」のように可愛らしく見えることを言います。

フランスの作家で『恋愛論』の著者スタンダールが、それを**『愛の結晶作用』**と呼んだのは有名な話。

誰かを愛したとき、人は世界のすべてが愛《いと》おしくなるような感覚を味わい、好きな相手のすべてを美化し、またその美点を拡大解釈していく生き物のようです。

深層心理学の生みの親であるユングは、男の心の奥底には**『アニマ』という理想の女性像**が、女の心の奥底には**『アニムス』という理想の男性像**があって、異性に恋をするとその理想像を相手に投影するようになる。だから、どんどん相手が理想的に見えてくるのだといいます。

よく自分の恋人が有名人の誰それにソックリだと言って、周囲から苦笑いされてしまう人がいるのも、その人しか理想像を投影していないからなのでしょう。まわりの人は理想化して見ていないので、「え〜、そうかなぁ」と首をかしげることになってしまうのです。

でも、残念ながら恋は永遠に続くものではありません。いつかは終わりがやってきます。

その兆《きざ》しを感じるときが、実は〝あばた〟が〝えくぼ〟に見えなくなったときなのです。

それまで素敵に見えていた相手の顔に欠点を見つけるようになったとしたら、それは恋の終わりの始まりかもしれないということ。恋の魔法が切れかけている証拠。

つまり、あばた顔がえくぼに見えるか見えないかは恋のバロメーターになるということです。

さて、今のあなたの目には、あの人はどう映っているでしょうか。

恋の〝シーソー〟をうまくつり合わせるには

愛した分だけ愛されたい。恋愛中は誰もがそう思うもの。

けれど、そんな願望が強すぎると、せっかくの恋が破局してしまうこともあるのでご用心を。

恋愛関係には、心理学でいう**『最小関心の原理』**が大いに働きます。

これは、**相手に対する興味や関心の少ないほうが関係性をリードし、多いほうがリードされてしまうという法則**で、俗に言う「惚《ほ》れた弱み」というやつです。

惚れた弱みで、多少の無理を聞いてあげることはもちろん悪いことではありません。

ただし、その関係性がエスカレートしてしまうと、無理をする側は精神的にも金銭的にも疲労してきます。不満も蓄積します。

一方、無理をさせる側は相手を見下したり、奉仕されるのに慣れてしまい、少々飽きがきて他の異性に関心が向いてしまったりします。

そして、結局最後には悲しい結末を迎えてしまうことになりがちなのです。

その点、長続きしているカップルはバランスがとれています。相手への関心度や想う気持ちのバランスが、うまい具合につり合っている。無理を聞いてあげることもあれば、聞いてもらうこともある。

持ちつ持たれつ、どちらかが重たくなりすぎることもない。だから、長く関係を続けていられるのでしょうね。

ちょっと自分のほうが無理をしているな、と感じたら要チェックです。

相手の自分への関心が低いなと感じたときは、無理にアピールしたり強要しようとしたりせずに、自分も少し恋愛以外のことに目を向けてみるのもいいかもしれません。

逆に相手の気持ちがエスカレートしてトゥマッチだなと感じたときは、ぎこちなく避けたりせず、素直に「無理しないでね」「そのほうがお互いに楽だし」ときちんと伝えましょう。それが恋を長続きさせるコツでもあります。

遠距離恋愛が成就するコツ

遠距離恋愛はなかなか続かないものです。

続かない理由は、いくつも考えられます。

「物理的な距離があるので、簡単には会えない」

「たとえ会えても、時間や金銭的負担がかかる」

「言葉のみでお互いを信頼し続けるのは難しい」

「ついつい、疑心暗鬼になりがち」etc.

数え上げたらキリがありません。

それを実験で検証したのがアメリカの心理学者ボッサード。博士は、5000組の既婚カップルを調査した結果、以下のような事実をつき止めたのです。

「カップルになる前は、物理的距離が近いほど心理的距離が近くなる」

「カップルになったら、物理的距離が遠いほど結婚の確率が低くなる」

『ボッサードの法則』と呼ばれるこの法則からも、遠距離恋愛がいかに成就しにくいことかがわかりますね。

ただし、ボッサードの法則はあくまで傾向であり、絶対法則ではありません。

ボッサードの行なった検証でも、離れたところに住んでいても婚約に至ったケースが多数見られたといいますし、実際に遠距離恋愛から結婚に至ったカップルも大勢いることでしょう。

物理的な距離が離れていたとしても、心理的な距離さえ近く保っていれば、恋愛関係は続けられるものだということ。物理的な距離はもちろん重要ではあるけれど、それ以上に大切なのは心理的な距離なのです。

では、心理的な距離を縮め、そして保つためにはどんなことが考えられるでしょう。

①公平理論

遠距離恋愛の維持には、お金と時間と労力が必要です。相手までの距離が遠ければ遠いほど、この負担は大きくなる傾向があります。

どちらかに負担がかかりすぎると、それが心理的な距離を遠ざける原因にもなります。

それを防ぐために必要なのは、公平性を保つ『**公平理論**』。

遠距離恋愛をうまく続けるコツとして、双方が公平に負担を分け合うことが重要なのです。肉体的負担、金銭的負担、時間的負担はやがて重荷になり、不満が心や頭の中で肥大化していき、破局の原因になります。

常に、双方が公平になるように努めることが、遠距離恋愛をうまく続けるコツです。

②単純接触の効果（ザイアンス効果）

遠距離恋愛の最大のデメリットは、やはり会いにくくなること。会えない日が続けば、それだけ心の距離も遠ざかります。

それを打開するには、文明の利器を使って『**単純接触の効果**』を働かせることです。**ザイアンス効果**とも言いますが、接触する機会が多ければ多いほど、相手に好意を持ちやすくなるというもの。

今は発達したネット環境のおかげで、バーチャルで会うことは簡単になりました。

ＬＩＮＥやスカイプなどの無料通話機能を使って、短時間でも多くの接触の機会を持てば、心の距離は十分保てます。

③返報性の原理

どんなにホットな恋をしていても、つき合いが長くなれば、心がすれ違ったり誤解が生じたりすることはあります。

近いところにいるのなら、すぐに会って謝ったり誤解を解いたりできますが、遠距離恋愛となると簡単にはいきません。遠距離恋愛は仲直りがしにくいのです。

そして、仲直りのきっかけがつかめず、**『悪意の返報性』**が働いて、売り言葉が買い言葉になり、そのまま破局になる可能性もあります。

遠距離恋愛で働かせたいのは、そんな『悪意の返報性』ではなく『好意の返報性』。

どんなに近しい間柄でも「ありがとう」という感謝の言葉を忘れない。また、「愛してる」とちゃんと口にする。それだけでも『好意の返報性』が働き、心の距離を保ってくれるはずです。

自分の望む選択肢を〝相手に選ばせる〟方法

A「もう一軒行く？　それとも、帰る？」
B「帰る？　それとも、もう一軒行く？」

あなたは、AとB、どちらの誘われ方だったら「もう一軒行く」ほうを選ぶでしょうか。

どちらも似たようなものと思うかもしれませんが、心理実験では断然Bのほうが誘われやすいことがわかっています。

なぜなら、**人には相手から言われた最後の言葉に引きずられ、そちらを選んでしまうという心理が働く**からです。それを**『親近効果』**といいます。

つまり、Aのように誘われると、「帰る」という言葉に引きずられて、誘いを断ってしまう可能性が高くなってしまうということ。

相手に「ＹＥＳ」という返事をもらいたいのなら、Ｂのように、**相手に選ばせたい言葉を必ず後に言うのが鉄則**だということです。

この鉄則を知っていれば、商談の場で相手に自分の望む決断をうながすことも不可能ではなくなります。

「二度手間ですが次回になさいます？　それとも、この際、今やってしまいます？」

そう言われれば、相手も「ＮＯ」とは言いにくくなりますよね。

これは、意中の人とのデートにも活用できます。

この鉄則を理解していれば、次のような誘い方は愚《ぐ》の骨頂《こっちょう》だということはもうおわかりですよね。

「うちに寄ってく？　それとも、帰る？」

“錯覚”を作り出すのは、こんなに簡単

同じ重さのものでも、イメージによって軽い・重いという判断が変わってしまう心理現象を**『シャルパンティエ効果』**といいます。

たとえば、「鉄100kg」と「綿100kg」では、冷静に考えれば重さは同じなのに、どうしても鉄100kgのほうが重いと錯覚してしまいがちです。

そうした錯覚は、実際に体験しても感じることがあります。5kgのダンベルと5kgの羽毛布団を持ち上げてみたら、やはり5kgのダンベルのほうが断然重く感じますものね。

このような**イメージによる錯覚**、『シャルパンティエ効果』は、ビジネスの世界では当たり前のように活用されていることをご存じでしょうか。

たとえば、コンビニなどで見かけるビタミンC入りの清涼飲料水。

「ビタミンCを２００mg配合」と表記しても、消費者にはそれがどれほどのものかは伝わりません。

でも、レモン１個に含まれるビタミンCは約20mgなので、「レモン10個分のビタミンCが入っています！」という表現にしたらどうでしょう。イメージがすぐに伝わって、体によさそうな気がしてきます。

同じように、「オルニチン25mg入りのみそ汁」より「しじみ70個分のみそ汁」といったほうが、二日酔いに効きそうな気がしますし、「４・７ヘクタールの土地」というより「東京ドーム１個分の土地」といったほうがイメージしやすいもの。

このように、『シャルパンティエ効果』には、提供される側のイメージをふくらませ、なんとなくわかった気にさせてしまう効果があるのです。

「これ１杯で１日分の野菜がとれます」
「この電子辞書１台に辞書50冊分の情報が入っています」
「この物置きなら１００人乗っても大丈夫」

こうしたキャッチコピーも、すべてこの効果を活用したものだということです。

そうそう、この効果、愛する人にプロポーズするときにも活用されているのをご存じでしょうか。

「僕の愛を受け取ってくれる？」

そう言って差し出すエンゲージリングが、まさにそれ。

愛は形がないので、なかなかイメージできませんが、それが形になったエンゲージリングなら見てすぐに相手に伝わります。

それだけに、ダイアモンドのカラット数で、その愛の大きさも判断されてしまうので、男性としてはつらいところではあるのですが。

5章

「集中力」も、心理学でコントロールできる！

――この知恵があれば、大きな差がつく

「昨日のランチ、何食べたっけ?」をなくす法

記憶力の減退に悩む人は多いものです。

そんな人におすすめの、記憶力アップ法があります。

行なうのは、就寝前。場所はベッドの中です。

布団に入って落ち着いたら、**その日の朝から寝るまでにあった出来事を一つひとつ、忠実に思い出して言葉にしてみる**のです。

ポイントは、頭の中で考えるのではなく、**「言葉に出して言う」**こと。

そうすることで、頭の中でごちゃごちゃになっている記憶を整理することができるのです。

「昨日のランチ、何食べたっけ?」と頭をひねることも少なくなります。

この方法、記憶力アップに役立つのはもちろんですが、特に同じミスを繰り返しが

ちな人におすすめ。

同じミスを繰り返す人は、「こうすればこのミスは防ぐことができる」と、想像する能力にやや難があるからです。ミスをしたことを悔やむばかりで、対応策まで気が回りません。

そのために何度も同じミスを繰り返してしまい、そのせいで自己嫌悪に陥ったり自信をなくしてしまう人が多いもの。

もし、そんな自覚があるなら、ミスをしたことを思い出したところで、「同じミスを繰り返さないためには、ここの確認作業をやっておけばいいんだ」と、**言葉に出してしっかり確認**しましょう。

そうすることで、同じことを繰り返しそうになったとき、「あっ、そうだ、この確認作業をしなきゃ」と気づくようになり、もう繰り返さないようになります。

とても簡単な方法なので、今夜からためしてみる価値大です。

たった20分で、心の奥底までリフレッシュするには

『パワーナップ』という言葉があるのをご存知でしょうか。

パワーは力、ナップは昼寝。

昼寝でリフレッシュして力を取り戻すという意味です。

これ、実は1998年に作られた造語なんですが、作ったのはアメリカのコーネル大学の社会心理学者ジェームス・B・マース博士。

人は1日に2回強い眠気に襲われます。

一番強い眠気は、夜10時頃から急激に強まり、午前2時頃にピークを迎えます。多くの人々が夜眠りに落ちてしまうのは、そのせい。

次は、午後2時頃にピークがやってくる中程度の眠気です。洋の東西を問わず、昼

食後についウツラウツラしてしまうのは、私たち人間にとって自然な生理現象なのですね。

それを我慢して仕事をしても能率はなかなか上がりません。授業中に居眠りをしてしまう学生が続出するのもだいたいこの時間帯。

ならば、積極的に昼寝タイムをとって、すっきり目覚めて活力を取り戻してから仕事に励むほうが能率もアップしますよ、というのが博士のすすめる『パワーナップ』なのです。

そう言われても、昼食後に1時間も2時間も昼寝タイムを設けるのは無理な相談だと思う人もいるかもしれません。

ご安心ください。この**『パワーナップ』に必要な昼寝の時間は、20分前後**でいいのです。

それより短いと、眠りに落ちる前にもうタイムアップになってしまいますし、**30分を超えると今度は眠りが深くなりすぎて、目を覚ましても眠気がとれず、かえって仕事の能率が落ちてしまう**からです。そういう状態を専門用語では『**睡眠惰《だ》性《せい》**』と呼びます。

20分なら、昼食を30分ほどで済ませれば、とれない時間ではありません。

実際、福岡のある高校では、この短時間仮眠法を実践して効果をあげているのだとか。

その高校では、昼食後に校内放送で呼びかけて一斉に昼寝をするのだそうです。そして「起きましょう」の合図で一斉に目を覚まします。

その結果、60%以上の生徒が午後の授業で居眠りをしなくなり、成績も向上したそうです。

これぞまさに『パワーナップ』の成果といえるでしょう。

昼寝の習慣のない人だと、最初は20分を持てあましてしまうかもしれません。でも、『パワーナップ』の効果を確かめたいと思うのなら、4日は我慢して続けてみてください。

仮眠の習慣はおよそ3日で形成され、4～5日で安定期に入ることが実験でも確かめられているからです。

４日続けることができたら、しめたもの。毎日休憩時間に仮眠をとるのが楽しみになると同時に元気回復、目覚めた後の仕事も大いにはかどると思いますよ。

「ペンの色」を変えるだけで、記憶力がアップする？

受験塾から広まった学習法に、「青ペン勉強法」があります。

青い色は、色彩心理学的には、人の心を落ち着かせて冷静にする色とされていますが、それだけではなく、冷静さを保ち記憶力をアップさせる力もあるというのです。

また、生理学的には副交感神経を優位にすることや、癒しホルモンであるセロトニンが出やすくなるなど、「青」の効果を証明する研究結果がさまざまな方面から出されています。

その力を活用しようと考案されたのが青ペン勉強法。

ある実験によると、**暗記するために青ペンを使用すると、黒ペンで書くより記憶力が1・1倍アップする**ことがわかったのだとか。

「たったそれだけ？」と思う人がいるかもしれませんが、日々暗記にいそしみ、ライバルとしのぎを削っている受験生にとってその差は無視できません。だから、実践している人も多いのでしょう。

また、ふだん使うことの多い黒色をあえて使わないことで、**「さあ、これから暗記するぞ」と、心のスイッチが入って記憶に残りやすい**という効果も期待できるようです。

そして、「暗記するためには青ペン」と決めることで、集中力が続くように習慣づけられるというメリットもあります。

そのため、総合的な観点からも、記憶力アップに役立つと考えられているのです。受験勉強だけではなく、面倒な仕事、集中力が必要な仕事をする場合にも、青ペンは効果を発揮してくれそうです。いろいろと活用なさってみてはいかがでしょう。

脳をチャージするには、1分間あればいい

記憶は、「覚える」と「想起」という二つの働きによって成り立っていますが、「ド忘れ」は、覚えてはいるのに想起ができないときに起こります。

ド忘れをして頭を抱えてしまうのは、何も中高年とは限りません。若い人だってうかうかとはしていられません。長期入院した人の足の筋肉がやせ細ってしまうように、頭だって使わなければ、たちまち衰《おとろ》えてしまうのですから。

実際、最近は漢字が満足に書けない若者が増えているといいます。その原因はおもに、パソコンや携帯電話の普及にあると思われます。

それらのデジタル機器を悪者扱いするわけではありませんが、読みを入力するだけでことが済んでしまうので、漢字を書くための神経回路のネットワークが失われてし

まうのです。

電話番号にしてもそうで、ワンクリックで出てくるので覚える必要がない。となると、脳は正直ですから、長期記憶から番号を削除してしまうんですね。だから、携帯電話をなくすと大あわてすることになってしまいます。

でもその一方で、脳は鍛えれば、機能は確実に回復します。回復するだけではなく発達もします。

では、どうすれば脳は鍛えられ、ド忘れを防止できるのでしょうか。

そのヒントになる絵があるのでご紹介しましょう。

次ページの絵が**「ホムンクルスの図」**と呼ばれているもの。口や舌がやたらと大きく、手足、特に手は頭と同じくらいに大きいという、ちょっと不気味な絵です。

これは、ペンフィールドというカナダの脳外科医が考案したもので、絵に描かれている体の部分の大小は、脳内の神経細胞がどれくらい割り当てられているかを示しています。

つまり、**唇や舌、手の指の動きにはたくさんの神経細胞が関係している**ということ。

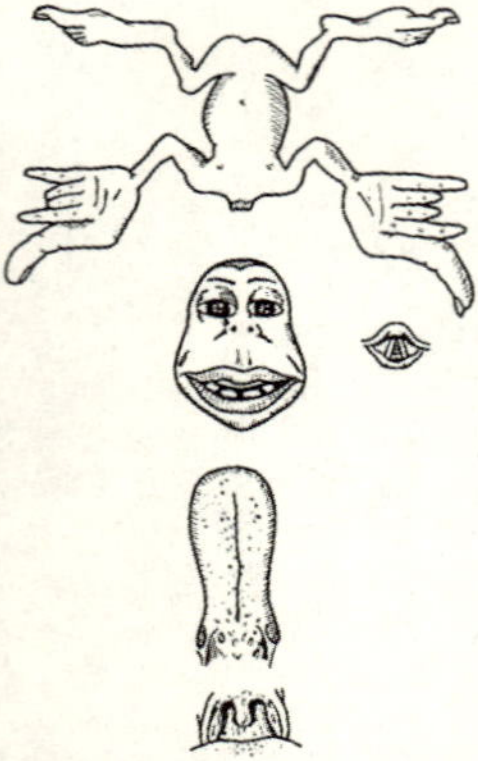

ペンフィールドが描いた「ホムンクルスの図」

ということは、唇や舌、手の指を活発に動かせば、それだけ脳の神経が働き、活性化するということになりますね。

ためしに、次の早口言葉を声を出して言ってみてください。

「ジャズシャンソン歌手」

「赤巻紙青巻紙黄巻紙」

「カエルぴょこぴょこ三《み》ぴょこぴょこ、合わせてぴょこぴょこ六《む》ぴょこぴょこ」

最初はゆっくり、だんだんテンポアップさせて、10回繰り返してみてください。

脳にちょっとした疲労感を覚えませんか。それはすなわち、脳が刺激され活性化したということ。

これを毎朝、習慣にすると、脳がシャキッとして、ド忘れ防止にも役立つはずです。1分もかかりませんが、その効果は絶大です。

脳の疲労がとれないようなら、脳に素早く栄養（グリコーゲン）が行きわたる100％果汁のジュースなどを飲んで、脳をリフレッシュさせてあげてください。

〝雑音〟が気になるなら

エアコンをつけているあいだは気にならなかったのに、エアコンを切ったとたん、時計の秒針の音や冷蔵庫のモーター音が気になって眠れなくなったという経験はありませんか?

それには**『マスキング効果』**というものが働いています。**ある音が別の音によって妨害されて、聞きとりにくくなる現象**を『マスキング』と呼びます。

エアコンをつけている間は『マスキング効果』が働いて、時計の音などが聞き取りにくくなっていたと考えられます。それが、エアコンを消したために効果が消え、とたんに時計の音が聞こえ出して、気になって眠れなくなってしまったというわけです。

一般的に、高い音のほうが低い音よりマスキングされやすいという特徴があります。エアコンの事例もそのひとつでしょう。

また、時間的に後から鳴った音が先に鳴った音をマスキングしてしまうという傾向もあります。

実は、このマスキング、さまざまな場所で活用されています。

たとえば、高層ビルのエレベーターで、ＢＧＭが流れているのも、このマスキング効果を利用したもの。

高層ビルのエレベーターは速度が速く、風切り音が非常に大きいので、それをＢＧＭによって聞こえにくくしているのです。

女性用の公衆トイレによく設置されているトイレ用擬音装置も、人工的に流水音を発生させることで、あれやこれやの音などをマスキングするためのもの。女性はこれがないと音消しのために何度も水を流す人が多いので、節水効果もあるようです。

レストランのＢＧＭも、他のお客の話し声や、厨房での作業音をマスキングするためのものでもあります。ＢＧＭは決して、お店の雰囲気作りのためだけではないということです。

「立っている者は親でも使え」は本当か

「立っている者は親でも使え」ということわざがあります。

忙しいときや、急を要するときには、誰でもいいから用事を頼みなさいという意味。たとえ親であっても、忙しいときには用を頼んでも差しつかえないということなのでしょうが、はたして立っている人はそう簡単に用を足してくれるでしょうか。


それについて、面白い心理実験をした心理学者がいます。

ミズーリ大学のブルードン博士は、立ったままの人と座ったままの人に意思決定してもらう実験をやってみたのです。

その結果、**立ったままの人のほうが、座ったままの人よりも、33%も早く決断しているということがわかりました。**決断が早いと、行動も早くなるので自然と行動力もアップします。

つまり、立っている人に用を頼んだら、「任せとけ！」と請け負ってくれる可能性が高まるということ。もちろん、「嫌だよ！」と即、断られてしまう可能性もあるにはありますが。

座っている人は、決断が遅くてなかなか動こうとしないことが多いので、それよりは立っている人を使ったほうが話が早いということ。特に、緊急を要することは立っている人に頼むのに限るでしょう。

結論としては、「立っている者は親でも使え」ということわざは十分説得力があるということです。

人はどんなときに、失敗を犯す？

「弘法《こうぼう》も筆の誤り」――どんなにその道に通じた人でも、時には失敗することがあるという意味のことわざです。

弘法とは、真言《しんごん》密教を日本に伝え広めた弘法大師・空海《くうかい》のこと。書の名人だった空海が書き間違えたのは「応（應）」という字だったと伝えられています。「、」がひとつ足りなかったそうなのです。

どんな人でもケアレスミスはするものだということですね。ミスをあまり気にすることはありませんが、それも度重なると仕事に支障をきたしたり、信用をなくしたりしてしまいます。

それでは、人はどんなときにケアレスミスをしてしまうのでしょう。

『優越の錯覚』という心理学用語がありますが、本人に調子がいいという自覚があり、気持ちが前向きになっているときほど、実は要注意なのです。そういうときは、新しい考えやアイデアがどんどんわいてきます。絶好調です。でもその分、調子に乗りすぎてケアレスミスも多くなってしまうというわけです。

反対に、気持ちが後ろ向き、ネガティブになっているときは、案外ケアレスミスは少ないというデータがあります。

ということは、弘法大師も書き間違ったときは人生の絶頂期、乗りに乗っていた時期だったのかもしれませんね。それでつい「、」を打ち損なったのかもしれません。

弘法大師が筆を誤ったのは、京都の大内裏《だいだいり》にあった応天門《おうてんもん》に掲げる額だったらしいのですが、誤りに気づいたときはすでに、額が門の高い位置に打ちつけられた後。

「どうしよう」と周囲が動揺したとき、弘法大師のとった行動がすばらしい！

書き忘れた文字の点の位置をめがけて、筆を投げつけて見事に点を打ったというのです。そういう奇抜なアイデアが浮かんだところを見ても、弘法大師、乗りに乗っていたんでしょうね。

やはり、乗りに乗っているときほど、ケアレスミスに要注意ということです。

ケアレスミスをしがちなタイプかをチェックする方法

「上手の手から水が漏れる」

どんなに上手な人でも、時には失敗することがあるというたとえです。

このようなケアレスミスに警鐘《けいしょう》を鳴らすたぐいのことわざは、次のようにたくさんあります。

「サルも木から落ちる」
「河童《かっぱ》の川流れ」
「天狗《てんぐ》の飛び損ない」 etc.

英語圏にも**「ホメロスも時には居眠りをすることがある」**という警句があるほど。

洋の東西を問わず、これだけのことわざがあるところを見ると、元来人間はケアレスミスを犯しがちな生き物のようです。

『ハインリッヒの法則』というのをご存じでしょうか。

ひとつの重大事故の背後には29の軽微《けいび》な事故があり、その背景には300の「ハッ」としたり「ヒヤッ」とした出来事が存在するというもの。

さて、あなたは「ハッ」としたり「ヒヤッ」とするようなケアレスミスをしがちなタイプでしょうか。それとも慎重に物事をこなすタイプでしょうか。

それをチェックする簡単な方法があります。

ペンとメモ用紙があったら、肩の力を抜いて「東京都」と書いてみましょう。

書けたら、漢字に含まれる「口」や「日」の文字のつなぎ目の部分を見てください。

隙間が開いている箇所が多いほど、ケアレスミスをしやすいのだそうです。

もし、ケアレスミスタイプだとわかったとしても心配はご無用。「何かをしたら、一度確認する」を習慣にすればいいのですから。

大事な場面を緊張せずに乗り切るには？

出社後にいきなり重要な会議があったり、初対面の人との商談があったりすると、朝から緊張するものです。それが初めてのデートや入社試験の面接などになると、気の小さい人は前の晩一睡《いっすい》もできなくなるかもしれません。

そんな「ガラスのハート」をお持ちの方におすすめの方法があります。

それが、**「直前に負荷のかかる運動をしておく」**という**『筋弛緩法《きんしかん》』**。

交感神経と副交感神経という正反対の働きをする二つの神経から成り立っているのが自律神経。二つがバランスよく働くことで、私たちの健康は維持されています。

二つの働きはそれぞれ次のようなもの。

○交感神経↓活動しているとき、緊張しているとき、ストレスを感じるときに働く

○副交感神経→休息しているとき、リラックスしているとき、眠っているときに働く

朝っぱらからいきなり重要なことがあったりすると、交感神経がバキバキに働き出します。すると、心臓の鼓動が高まり、血管は収縮、呼吸は浅く速くなり、全身から汗がふき出します。すごいストレスです。気の小さい人が緊張しすぎて頭が回らなくなるのも当然。

でも、事前に負荷のかかる運動をしておくとどうでしょう。会議の前にすでに交感神経が働いています。するとその後はバランスをとるように副交感神経が働き始めます。とても心が落ち着きリラックスした状態になるのです。

つまり、リラックスした状態で会議に臨めるようになるということ。

そのために好都合なのが、たとえば自転車通勤。ペダルをこいで運動することで交感神経が働きます。あるいは、出社前に軽く早歩きしたり、ジョギングをするのもよいでしょう。そして、会社に着いてひと息つくと今度は副交感神経が働き出します。

その後、心が落ち着いた状態で会議に臨めば、緊張せずに能力を十分に発揮できるというわけです。

“モチベーション”をコントロールするには？

日本の会議は長いことで有名です。残業という業務はもっと長いかもしれません。ある調査によると、一カ月の平均残業時間は約47時間になるそうです。月20～22日出勤と考えると、毎日2時間以上残業しているという結果になります。

これは、さまざまな業種の平均値なので、メディア関係など残業時間の長い業種の人はどれだけデスクにかじりついていることでしょう。

もっと短時間で仕事をこなすことはできないものか。

そんな不満をお持ちの方におすすめなのが**『ポモドーロ・テクニック』**という仕事術です。

この仕事術に必要なのは、キッチンタイマーだけ（スマホのアプリを使うのもいいでしょう）。そして、次のような手順で仕事をこなしていくのです。

①まず、達成しようとする業務を選ぶ
②キッチンタイマーを25分に設定する
③タイマーが鳴るまで業務に集中する
④少し休憩する（5分程度）
⑤ステップ②～④を4回繰り返したら、少し長めに（15～30分）休憩する

と、これだけです。**人がひとつのことに集中できる時間は30分がせいぜい。その時間を最大限に活用しようというのがこのテクニック**なのです。

25分をひと区切りにして、集中と緩和を繰り返すというこの方法を考案したのは、イタリアの企業家フランチェスコ・シリロ氏。ポモドーロという名前は、学生時代に愛用していたトマト型のキッチンタイマーにちなんでつけられたのだそうです。

短いダッシュを繰り返すことで高い生産性をキープし、規則的に休憩をとることでモチベーションと創造性を保つこのテクニック、クリエイティブな仕事をしている人には特に好評だそうですよ。

「アイデアが生まれやすい」のは、こんなとき

人はいつの頃からか、あまり落書きをしなくなります。

小・中学生だった頃は、あんなに教科書を落書きで汚しまくっていたのに。

「いや、それは当然のこと。社会人になれば落書きなどしているヒマはなくなるし、第一、そんなことをしているところを上司に見られたら、このご時世、ボーナスの減額どころの話じゃなくなるよ」

そう息巻く方もおいでかもしれません。

いえいえ、本当は社会人こそ落書きをするべきなのかもしれないのです。

というのも、落書きにはさまざまな効用があるからです。

まず、落書きは、ふだんあまり使わない右脳を目覚めさせ、左脳に偏りがちな脳のバランスをよくして、脳全体の働きを回復してくれるのです。つまり、脳をリフレッ

シュさせてくれるということ。

そして、落書きは、発想力を鍛えるのにも役立ちます。

脳科学者の茂木健一郎氏によると、**無意識状態の脳はリラックスしており、ふだん思いつかないような意外なアイデアが生まれやすくなる**というのです。そういう状態を『**脱抑制**』と呼びます。

また、集中力や暗記力も鍛えられます。

それは、イギリスのプリマス大学の認知心理学教授ジャッキー・アンドラーデの実験でも確かめられています。

実験は、40人の参加者に人と場所の名前を聞かせ、後でそれを書き出してもらうというもの。その際、参加者の半数には紙に落書きをしながら聞いてもらったのです。

すると、**落書きをしながら聞いた人たちは、それをしなかった人たちより約3割も多く名前を思い出すことができた**というのです。

つまり、会議中でも耳を傾けながらの落書きは、気が散るのを防ぎ、話に集中するための手段になり得るということ。ためしてみる価値はありますよね。

「できる人ほど、結構ネガティブ」——なぜか

ノーベル賞やアカデミー賞といった、各界の人々の功績をたたえる賞を受賞した人たちに共通するのは、とても謙虚であることです。

彼らのように「できる人」は、なぜ謙虚で控えめなのでしょう。

それを実験で確かめたのが、コーネル大学のデビッド・ダニングとジャスティン・クルーガーという2人の心理学者。

2人は、**能力の高い人ほど自分の能力を過小評価する傾向があり、逆に能力の低い人ほど自分の能力を著しく過大評価する**ことを実験で証明してみせたのです。

ダニングらは、ユーモアのセンスなどいくつかの能力に関するテストを実施し、そうした個々の能力について被験者に自己評価をさせました。

その際、能力の自己評価に用いたのは**「パーセンタイル」**という独特の指標。自分のその能力が下から何％のところに位置づけられるかを「パーセンタイル」で答えてもらったのです。

たとえば10パーセンタイルは下から10％のところなので、被験者が自分的にはその能力がかなり低いと見なしていることになります。

逆に、80パーセンタイルだと、「自分はその能力は相当に高い」と見なしていることを意味します。

そして実際の成績順に全員を4等分し、「最優秀グループ」「平均より少し上のグループ」「平均より少し下のグループ」「底辺グループ」に分けました。

結果は、ユーモアのセンスに関するテストの成績に関して、「底辺グループ」の平均得点は12パーセンタイルでした。ところが、自己評価の平均点は58パーセンタイルに跳ね上がりました。つまり自分は平均以上にユーモアのセンスがあると見なしていたわけです。

一方、「最優秀グループ」の平均点は58パーセンタイルでしたが、自己評価の平均点はそれよりも低く、過大評価をしない傾向が見られたというのです。

できない人のほうが楽観的で、自分の能力を特に根拠もなく実際以上に見積もり、逆にできる人ほど不安が強く、自分の能力を実際以上に低く見積もるという結果になったわけです。

2人はこの心理傾向を『**ダニング=クルーガー効果**』と呼ぶことにしました。

この実験から、できる人のほうが現実の自分自身や状況を厳しい目で見ているため、自分を過信せず、まだまだ力不足だと考えるということだろうと2人は結論づけました。

また、それがさらなる成長への原動力を生むという好循環につながり、できる人をよりできる人にしていくのだろうとも言っています。

現代社会では、誰もがポジティブであることを求められています。

世の中で成功している人はポジティブな心理傾向を身につけている。ポジティブになればセルフイメージも向上心も高まる。だから、ポジティブ思考を身につけて、ネガティブな考え方は思い切って捨ててしまおう。そんなポジティブ信仰が猛威をふるっています。

けれど、実際に世の中で成功している人たちは、この実験結果が示しているように決してネガティブな心理傾向を持たないわけではありません。

なんでも楽観的に構えるのがいいわけではないということです。ポジティブ思考は過信を生み、ケアレスミスを生み出す原因になる場合もあります。

大切なのは、自分の未熟さや力不足を認められるクールな一面をちゃんと持っている（客観視できる）ということなのでしょう。

ネガティブ思考も捨てたものではないのですね。

6章

気持ちはどこで曇り、どこで晴れるのか?

――心理学が知っている「幸せへの近道」

眠たい朝、一瞬で快適に目覚めるには？

できることなら朝は1分でも、いや1秒でも長く布団にくるまっていたい。それは誰もが思うこと。

けれど、それを許してくれないのが現代社会。朝はこなさなければならないスケジュールが目白押し。惰眠をむさぼっているヒマはありません。

では、どうすれば睡魔を断ち切ってベッドから抜け出すことができるでしょう。

簡単な方法があります。

手を叩けばいいのです。

手は第二の脳といわれています。全身の表面積では、手が占める割合は10分の1もありません。

でも、**その手と指をコントロールするために使われる大脳の領域は運動野の約3分の1、感覚野の約4分の1を占める**といいます。それだけ手と指は、脳と広範囲に直結しているということ。だからこそ、針の穴に糸を通すといった繊細な作業をいとも簡単にこなすことができるのですね。

なので、手を叩けば、それだけ脳に刺激を与えることができるのです。まどろみの状態にある脳を覚醒させることができるということ。手を叩くことぐらいなら布団の中でもできますよね。

そして、手を叩いたら、自分を鼓舞《こぶ》する意味で「さあ、これで目が覚めたぞ」と声を出してみてください。

ここで肝心なのは、「目が覚めるぞ」ではなく「目が覚めたぞ」と完了形にすることと。脳を「目が覚めた」と錯覚させるためです。

私たちの脳は実は結構いい加減なところがあって、現実と想像があまり区別できません。簡単に「覚めた」と誤解してしまうからです。

なかなか布団から離れられない人は、ぜひおためしを。

なぜ、よく眠れたり眠れなかったりするのか

私たちは人生の約3分の1、80歳まで生きるとしたら25～26年は眠って過ごしていることになります。それだけ眠るのですから、できることならその時間を快適に過ごしたいものです。

なのに、日本人の約20％にあたる2400万人が睡眠障害に苦しんでいるといいます。原因はおもに昼夜逆転の生活のせい。

文明の発達によって、私たちはその気になれば24時間活動できるようになりました。昼と夜の区別がなくなってしまったのです。しかし、人間もしょせん動物、人類の歴史の中で昼夜関係なく行動できるようになったのはわずかここ100年くらいのものだというのに。

睡眠の研究者によると、夕方から夜中にかけて強い光を長時間浴び続けると、体内

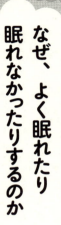

時計のリズムが崩れてしまうといいます。

ある実験で、人に午後8時から2時間、5000～1万ルクス（コンビニ店内の明るさは1万ルクスに近い）の高照度光を3日間あてると、昼夜逆転してしまうのだそうです。

夜中にコンビニに行ったり、TVゲームをしたり、寝ながらスマホをいじるなどして強い光を浴びることは眠りを大いに妨《さまた》げているということです。

そもそも他の多くの動物は仮眠程度でOKなのに、なぜ人間だけが毎日しっかり睡眠をとる必要があるのか。

それは、**他の動物とは比べものにならないくらい発達した脳を休ませるため**だといわれています。

脳は起きている限り休息することは不可能。睡眠は脳を深く眠らせて、疲労を回復させる大切な役目を担っています。睡眠は脳のメンテナンスのために不可欠なのです。

また、昔から「寝る子は育つ」というように、**脳が深い眠りに入ると成長ホルモン**

る働きがあります。

が分泌されることがわかっています。成長ホルモンは細胞の新陳代謝をうながして、皮膚や筋肉、骨を成長させ、日中の活動で傷ついた筋肉や内臓などを効率よく修復する働きがあります。

ちゃんと睡眠をとることは、脳のメンテナンスだけではなく体の健康のためにも必要不可欠だということ。

しかも、眠ることで脳に蓄積された感情や記憶は整理整頓されます。**徹夜で仕事や勉強をしても案外効率が悪いのは、脳の整理整頓の機会を奪っているから**だともいえます。

思い出してみてください。学生時代、成績のよかったクラスメイトは試験前でも「よく寝た」と口にしていなかったでしょうか。彼らは効率よく勉強した上に、しっかり睡眠をとることで記憶の整理整頓まで行なっていたのです。成績がよくなるはずです。

では、どうすれば快適な眠りを獲得することができるか。

まずは、眠りに入る前の時間帯にパソコンやスマホなど、強い光を発するものから遠ざかること。それらの画面から出るブルーライトは、睡眠誘発ホルモンであるメラトニンの分泌を抑える性質があるので、脳が覚醒して入眠を妨げてしまうからです。

そして、目覚めのよい朝を迎えるためには、**90分の倍数の睡眠を心がける**ことが重要です。

睡眠は、浅い眠り（レム睡眠）と深い眠り（ノンレム睡眠）の繰り返しですが、ひとつのサイクルは約90分。

ですから、90分の倍数で眠ると、浅い眠りから自然に目を覚ますことができるので、目覚めもいいし一日を快適に過ごせます。

ところが、深い眠りのときに目覚まし時計などで起こされると、目覚めも悪いし一日中眠気がとれません。たっぷり寝たのに眠気がとれない場合は、それを疑ってみてください。

90分の倍数ということは、6時間とか7時間半あたりがベストな睡眠時間だということ。多少個人差はありますが、その睡眠が習慣化すれば快適に眠り、そして快適な一日を手に入れることができますよ。

夢を見るときと見ないときがある理由

一生に見る夢を全部足すと、なんと4年分以上にもなるそうです。

一生を地球にへばりついて生きているのかと思ったら、4年以上は夢の世界の住人なのだと思うと、なんだか不思議で、なんだかうれしいような気がしてきます。

でも、なぜそんなに夢を？ 見ないときだってあるのに……。そう思う人もいますよね。

夢の研究者によると、実は私たちは一晩に1時間ぐらいは夢を見ているそうです。

眠りは一定ではありません。浅い眠りのレム睡眠と、深い眠りのノンレム睡眠を繰り返しています。そして、**浅い眠りのレム睡眠状態のときには、だいたい夢を見ているの**だといいます。

寝ている人を観察すると、浅い眠りのレム睡眠状態でいるときはすぐにわかります。

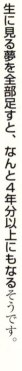

というのも、まぶたの奥の眼球が忙しく動いているから。

眼球が動くのは、寝ている人が夢の景色を追っているからだという説がありますが、それは定かではありません。

ちなみに、レム睡眠のレムは、Rapid（素早く）Eye（目が）Movement（動く）の頭文字を集めたもの。

ノンレム睡眠のときは、眼球は動きません。そして、夢もほとんど見ていないといいます。

睡眠中、レム睡眠の機会は何度か訪れ、そのたびに夢を見ています。なのに覚えていないのは、その後にノンレム睡眠の状態が続くので忘れてしまうから。

だから、覚えているのは目覚める直前のレム睡眠時に見た夢だけ、ということになるのでしょう。

その夢さえ覚えていない。それどころか、夢を見た記憶さえないという人は、ノンレム睡眠のときに目を覚ました可能性大です。ノンレム睡眠のときはほとんど夢を見ていないので、夢を覚えていなくて当然というわけです。

「夜型人間」と「朝型人間」の知られざる秘密

『エメットの法則』というのをご存じでしょうか。

「仕事を先延ばしにすると、すぐ片付けるよりも倍の時間とエネルギーを要する」というもの。これは、カウンセラーのリタ・エメットが唱えている説です。

それに関連して、ちょっと気になる研究があるのでご紹介。

物事を先延ばしにするクセのある人は不眠になることが多いというのです。

イスラエルのテルアビブ学院大学の睡眠研究者イラナ・S・ヘアストン博士は、約600人の被験者を対象にした研究の結果、こう述べています。

「物事を先延ばしにする人は、就寝時に、終わらせておくべきだったのに終わっていない物事についてぐるぐる考えて、寝つけなくなるケースが多い」

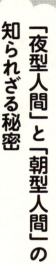

また、朝型の人と夜型の人を比較したところ、朝型の人は夜型の人に比べて物事を先延ばしにする傾向が低く、睡眠の問題も少ないという結果に。

一方、夜型の人の場合はその逆の傾向が見られたのだそうです。

夜型の人には自制心に乏しい人が多く、それゆえに計画的に物事を行なうのが苦手な傾向があるといいます。そして、それが物事を先延ばしにする原因にもなっていると指摘。

さらに、夜型の人は遅い時間になってやるべきことを始めることになりがちで、それについて後悔することが多く、それがさらに物事の完成を遅らせる結果にもなるというのです。

もし、あなたが夜ふかしタイプで、物事を先延ばしにしがちで、しかも不眠症に悩んでいるとしたら、朝型人間になることを真剣に考えたほうがいいのかもしれませんね。

「事実」は“切り取り方”でこんなに変わる

質問です。「おいしかった」か「おいしくなかった」かの2択で答えてもらった料理が2皿あります。あなたならどちらを食べたいと思いますか？

A　100人中、10人がおいしくなかったと答えた料理
B　100人中、90人がおいしかったと答えた料理

多くの人はBを選ぶのではないでしょうか。でもよく考えると、論理的にはAもBも言っていることは同じ。なのに、人はBのほうがおいしそうと思いがちなのです。

このように**情報の意味は同じでも、選ぶ人の考え方の枠組みによって、選ぶ結果が変わってしまう心理**を**『フレーミング効果』**といいます。

こうした効果は、日常生活でも活かされています。

たとえば、医者は患者に「死亡する確率は10％です」と言わずに、「生存率は90％もあります」と説明します。そのほうが患者としてはいくらかホッとするし、助かる可能性が高いと思うことができるからです。

人は「ネガティブなものは少ししかないですよ」と説明されるよりも、「ポジティブなことのほうが多いですよ」と説明されたほうを選びやすいのです。

そうそう、この『フレーミング効果』を使ってネガティブな経験をポジティブに変えたこんなエピソードがありました。

１９９４年、アメリカで行なわれたサッカー・ワールドカップの決勝戦。試合は延長でも決着がつかず、ＰＫ戦へ。そこで当時人気絶頂だったイタリアのロベルト・バッジョがＰＫを外し、ブラジルが優勝ということに。うなだれるバッジョ。

でも、記者たちに囲まれたバッジョが口にした言葉は次のようなものでした。

「ＰＫを決めても覚えている人は少ないが、外したらずっと覚えていてもらえる」

こんな言葉を口にできる。だからこそバッジョは名選手になれたのでしょうね。

30秒で自信を持てるようになる方法

たとえば、私たちが服を買うとき、高価な服を買う場合はなおのこと、できるだけ念入りに選んでよりよいものを買おうとしますよね。

予算を頭に入れつつ、その範囲内で最高のものを買うべく比較検討し、用途に合うか、他店にもっとベターなものがないかなども確かめて、やっと購入に至ります。

そこまでして最高のものを手にしたはずなのに、私たちはしばしば「思ったよりよくなかった」「もっと安く買えたかも」「他の服のほうがよかったなぁ」などと思い悩むことがよくあります。

これは選択肢が豊かすぎる現代ならではの悩みなのかもしれません。選択肢が増えることはよいことなのに、その自由さゆえに現代人は過剰なストレスを抱え込み、選択肢の呪縛にはまり込んでしまうようなのです。

そんな、**自分で決めたことに頭を悩ませてしまう人**のことを心理学者バリー・シュワルツは『**マキシマイザー**』と名づけました。一方、**手にした結果に一応満足してしまえる人**のことは『**サティスファイアー**』と命名しました。

さて、あなたは自分をマキシマイザータイプだと思いますか？　それともサティスファイアータイプのほうだと思いますか？

どちらのタイプがいいというわけではありませんが、ストレスをためにくいのは、後者のサティスファイアータイプだと思われます。

シュワルツ博士も自著『なぜ選ぶたびに後悔するのか―「選択」の自由の落とし穴』で、**選択肢が多くなりすぎるとあまり幸せにならない**という、意外なようでうなずける事実を、昨今の心理学の成果をもとに明快に示してくれています。

服選びに限らず、仕事というのはある意味、決断の連続です。そのたびに、「ああ、あっちにしておけばよかった」「失敗したぁ」と後悔していては、神経はすり減るばかり。精神衛生上よろしくないことは明らかです。

この文章を読んで、「自分にはマキシマイザーの傾向があるかも」と思ったとしたら、クヨクヨしないためのちょっとしたコツがあるのでご紹介しましょう。

自分の決断に自信が持てなくて、クヨクヨしてしまったりモヤモヤしたものがとれない場合は、洗面所へ行ってしっかり手を洗えばいいのです。

石鹸《せっけん》の泡と一緒に、モヤモヤも下水溝に流れていってくれるはずですから。

「えーっ、そんなことぐらいでクヨクヨしなくなるの？」と、いぶかしげに眉をひそめる人がいるかもしれませんが、これは心理実験でも確かめられていること。

ミシガン大学の心理学グループの研究によるものなのですが、何かの意思決定を行なった後に手を洗うと、自分の決断に自信が持てるようになることが実験で証明されたのです。

そういえば、神道では邪念をはらい、心を清めるために〝みそぎ〟と称して滝行などを行なうことがあります。

滝行とまでいかなくても、神社やお寺でも拝む前に手と口を清めます。すると、なんとなく心身ともに清められ、気持ちが改まったような気がするものです。

そうした風習は、単なる儀式というだけではなく、私たちの思考や意識に実質的な変化をもたらしてくれるのですね。

それと同じような効果が、洗面所で手を洗うという行為でも得られるということ。

もし、自分のした決断に迷いを覚えたときは、一度ためしてごらんになってみてはいかがでしょう。

心配事の何%が実際に起こらないか

「案ずるより生むが易《やす》し」ということわざは、何ごとでも始めるまではあれこれ心配するものだが、実際にやってみると案外たやすくできるものだという意味。取り越し苦労を慰める言葉でもあります。

そう慰められても、なかなか釈然としない人もいるでしょう。

「私の心配ごとは、そんなことわざひとつで解消できるほど簡単なものじゃない」

そう言って、プイッとそっぽを向いてしまう人もいるかもしれません。

でも、取り越し苦労はしても、それに報われることがあまりないことは心理実験でも確かめられているのをご存じでしょうか。

アメリカ・ミシガン大学の研究チームによると、次のようなデータが得られたといいます。

「心配ごとの80％は実際には起こらない。
また、起きてしまう20％のうち80％は順序立てて整理し、準備を整えて対応すれば解決する。
つまり心配に値する本当の心配ごとは全体の４％しかない」

１００の心配ごとのうち、実際に大ごとになるものはたった四つしかないというのです。

人がコントロールできるのは〝過去〟でも〝未来〟でもありません。

できるとすれば、それは〝今〟。〝今〟できることに意識を集中し、〝今〟できる具体策を講じること。

それが不安を解消する一番の早道だということかもしれません。

さて、それでもあなたは、取り越し苦労をしますか？

逃げ出すのが最良の策になることもある

「三十六計逃ぐるにしかず」ということわざがあります。

中国には『兵法三十六計』という兵法書があり、36通りの作戦が載っているといいます。

でも、頭をひねくり回してそんな難しい作戦を使うより、結局は「逃げるのが一番手っ取り早くて効果的」だというのです。

どうにもならないのなら、まずはいったん逃げて態勢を立て直し、再度挑戦したほうがずっといい結果が得られますよ、という教えなのですね。

これは現代でも通用することわざだと思います。

『リフレーミング』という心理学用語がありますが、考え方の枠組み（フレーム）を変えて物事を違う視点から眺めると、意外な解決策が見つかることがあるのです。

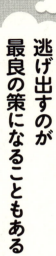

最近、よく耳にするのが、パワハラ、セクハラ、モラハラといったさまざまな「ハラ」がつく言葉。

この「ハラ」は苦しめる、悩ませるという意味の「ハラスメント」です。

組織の中で仕事をしていると、耐えがたくつらい目にあうことも少なくありません。それらに逃げずに立ち向かったばかりに『うつ病』や『適応障害』を発症してしまう人も増えています。

メンタルヘルスの観点からも、つらすぎる現実からは逃げたほうが正解。

特に、『適応障害』の傾向があるとアドバイスされたら、まずは今の環境から逃げ出す手立てを考えましょう。

『適応障害』は『うつ病』と違って、ストレスの原因から距離を置くと抑うつ状態が緩和され、自分の人生を取り戻し、楽しむ余裕が出てくるからです。

今もし、次のような身体的症状が出ているなら、ぜひ、このことわざからのアドバイスを思い出してみてください。

「突然、涙が出てくる」「動悸《どうき》がする」「不眠やひどい頭痛が続く」etc.

ストレスを感じたときに思い出したいこと

「上善《じょうぜん》は水のごとし」

これは、古代中国の哲学者・老子《ろうし》の言葉です。

老子は、**「最もすばらしい生き方は、水のように生きること」**だといいました。淡々としてこだわらず争わず、何かにぶつかっても自由自在に形を変えていく。そのような生き方こそが最上の善であるのだと。

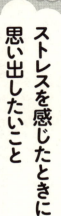

確かに、こだわりや執着が強くなればなるほど、まわりの人との衝突や悩みが多くなります。また、人と競い争えば周囲と衝突し、思わぬ人から足元をすくわれたり、攻撃されたりします。

まわりと衝突するだけではありません。考え方や心がかたくなだと、心も折れやすくなります。

だから、「水のように柔軟でありなさい」というのが老子の教え。

心理学でも最近、**『レジリエンス』**という言葉が注目されるようになりました。

レジリエンスとは、**折れない心、逆境を乗り越える力、復元力**といった意味。

ストレスの多い現代社会では特に、「はね返す力」ではなく「しなやかに受け止め、時に受け流す力」が必要とされます。

いってみれば、猫のような柔軟性が必要だということ。

猫は高いところから落ちても、体の柔軟性を使ってうまく衝撃を逃がして、ふわっと着地することができます。

現代というストレスの多い時代には、そんな能力こそが求められているということ。

さて、あなたにはその力、どれぐらい備わっていると思いますか？

満足度MAXになるお金の使い方

「お金で幸せは買えるのか」

これは永遠のテーマのひとつですが、使い方によってはお金で幸せが買えるという研究結果があるのでご紹介しましょう。

アメリカのハーバード・ビジネス・スクールの行なった研究によると、お金を他人のために使うことが幸せになる秘訣だというのです。

実験では、被験者たちを四つのグループに分けました。

① 5ドルを自分のために使うように指示されたグループ
② 5ドルを他人のために使うように指示されたグループ
③ 20ドルを自分のために使うように指示されたグループ

④ 20ドルを他人のために使うように指示されたグループ

そして、指示を実行する前と後で、幸福度がどう変化するかを調べました。

すると、**お金を自分のために使ったグループでは幸福度に変化は見られなかったのに、他人のために使ったグループは幸福度が高くなる**という結果に。面白いことに、5ドルのグループも20ドルのグループも幸福度に差はありませんでした。

また、被験者が幼児の場合も、与えられたお菓子を全部人にあげてしまった幼児のほうが、全部自分のものにした幼児よりもより満足感が高いという結果に。

つまり、同じお金を使うのでも、自分のために使うのではなく人のために使うほうが幸せをより強く感じられるということ。人間には先天的に「人のために何かしたい」「人の役に立ちたい」という欲求が備わっているようなのです。

人のためにお金を使う。たとえばプレゼントをすれば、もらった人は喜び、あなたに好印象を持ちます。『好意の返報性』の心理が働いて、プレゼントのお返しをしてくれるかもしれません。つまり、双方がハッピーになるということ。

大切な人への贈りものは相手のため、そして自分の幸せのためでもあるんですね。

ポジティブな性格になる方法

心理学に『ラベリング効果』と呼ばれるものがあります。

相手に「あなたはこういう人ですよ」とラベルを貼ると、**相手はそのラベル通りの性格になったり、行動をしてしまいがちになる**というもの。

たとえば、血液型性格診断が当たっているように思えるのは、まさにこの『ラベリング効果』が働くから。

A型の人が血液型の本で「A型の人は几帳面」という記述を読んで、それに納得してしまう（ラベルづけされる）と、つい意識して、それに合った行動をとるようになります。

すると、自分がそのような行動をしたという事実によって、ますます自分はA型気質なんだと思い込むようになるのです。自分で自分をA型気質にしていくわけです。

この『ラベリング効果』を活用すれば、短所を長所にすることもできます。

実は、長所と短所は隣り合わせ。自分で短所だと思っていることも、見方を変えれば長所にもなります。

見方をちょっと変えて、こんなふうに言い換えをしてみるのです。

「神経質」↓「細かいことによく気がつく」
「暗い、無口」↓「もの静か」「口が堅い」
「おしゃべり」↓「話し上手」「ムードメーカー」
「せっかち、短気」↓「決断が早い、テキパキしている」
「優柔不断」↓「まわりに合わせられる」
「融通がきかない」↓「ぶれない」
「空気が読めない」↓「マイペース」「自分らしさを大切にする」
「感情的」↓「ナイーブ」「感情が豊か」

「一貫性がない」→「考え方が柔軟」
「小ずるい」→「要領がいい」
「おおざっぱ」→「おおらか」
「ケチ」→「倹約家」

こんなふうにどんなことでもポジティブにとらえれば、短所となるものがどんどんなくなっていきます。

集中力がないと自分で感じていた部分も、さまざまなことに興味が持てるとか、ひとつのことにこだわらないというふうにとらえると、決して悪いことでもなくなるのです。

自分に貼っているラベルを貼り替えて、自分の性格をポジティブにとらえられるようになれば、自己肯定感が増して前向きになれます。

ぜひ短所を長所に言い換えるわざを身につけたいもの。

そして、まわりに自分のことをネガティブにとらえてばかりいる人を見かけたら、その短所を長所に言い換えてあげましょう。

自分の短所をポジティブに変換してもらった人に感謝されることは間違いありません。そして、「ポジティブの輪」が周囲にどんどん広がっていくはずです。

参考文献
『脳はすすんでだまされたがる』スティーヴン・L・マクニック著、『運のいい人の法則』リチャード・ワイズマン著（以上、KADOKAWA）／『記憶と情動の脳科学』ジェームズ・L・マッガウ著、『睡眠の科学』櫻井武著（以上、講談社）／『予想どおりに不合理』ダン・アリエリー著、『シャーロック・ホームズの思考術』マリア・コニコヴァ著（以上、早川書房）／『心の仕組み（上・下）』スティーブン・ピンカー著（筑摩書房）／『心理学ワールド　第39号』（日本心理学会）／『ヒューマンエラーの心理学』（麗沢大学出版会）／『影響力の心理』ヘンリック・フェキセウス著（大和書房）／『色と意味の本』ジュード・スチュアート著（フィルムアート社）／『コールド・リーディング』イアン・ローランド著（楽工社）／『ボディ・ランゲージ解読法』D・アーチャー著（誠信書房）／『FBIが教える「しぐさ」の心理学』ジョー・ナヴァロほか著（河出書房新社）／『夢のサイエンス』シェポヴァリニコフ著（青木書店）／『話を聞かない男、地図が読めない女』アラン・ピーズ他著（主婦の友社）／『心を動かす音の心理学』齋藤寛著（ヤマハミュージックメディア）／『文章心理学入門』波多野完治著（小学館）／『映画でみる精神分析』小此木啓吾著（彩樹社）／『価格の心理学』リー・コールドウェル著（日本実業出版社）／『脳が目覚める！らくがきノート』茂木健一郎監修（東洋出版）／『失敗の予防学』中尾政之著、『「相手の本心」が怖いほど読める！』デヴィッド・リーバーマン著（以上、三笠書房）

本書は、本文庫のために書き下ろされたものです。

時間《じかん》を忘《わす》れるほど面白《おもしろ》い
人間心理《にんげんしんり》のふしぎがわかる本《ほん》

著　者　清田予紀（きよた・よき）
発行者　押鐘太陽
発行所　株式会社三笠書房
〒102-0072　東京都千代田区飯田橋3-3-1
https://www.mikasashobo.co.jp
印　刷　誠宏印刷
製　本　ナショナル製本

ISBN978-4-8379-6798-9　C0130

本書へのご意見やご感想、お問い合わせは、QR コード、
または下記 URL より弊社公式ウェブサイトまでお寄せください。
https://www.mikasashobo.co.jp/c/inquiry/index.html

王様文庫

王様文庫

面白すぎて時間を忘れる心理テスト

中嶋真澄

一つ、テストに答えるごとに、目からウロコの診断が続々！　コンプレックス、世渡り上手度、二重人格度、サバイバル能力……今まで隠していた「秘密」が暴かれてしまうかも！　一人でも、恋人・友人・家族と一緒でも、時間を忘れるほど楽しめる本！

やたらとお金が貯まる人の習慣

本田健

「自分のお金」もっと自由に！　◎よく貯まる人は「生き金」を使う　◎「やり方一つ」で数十万円の収入が数百万円に！　◎自分だけでなく、周囲も幸せにしてしまうお金の使い方……「好きなこと」「やりたいこと」が、あなたを驚くほど豊かにする！

夜眠る前に読むと心が「ほっ」とする50の物語

西沢泰生

「幸せになる人」は、「幸せになる話」を知っている。　○看護師さんの優しい気づかい　○アガりまくった男を救ったひと言　○お父さんの「勇気あるノー」　○人が一番「カッコいい」瞬間……〝大切なこと〟を思い出させてくれる50のストーリー。

K30383